见识城邦

更新知识地图　拓展认知边界

刘刚 李冬君
-著-

文化的江山

02

王朝中国的确立

中信出版集团 | 北京

图书在版编目（CIP）数据

文化的江山 . 2, 王朝中国的确立 / 刘刚, 李冬君著
. -- 北京：中信出版社，2019.10（2025.4 重印）
ISBN 978-7-5217-0533-1

Ⅰ.①文… Ⅱ.①刘…②李… Ⅲ.①文化史 - 研究
- 中国 - 三代时期 Ⅳ.① K203

中国版本图书馆 CIP 数据核字 (2019) 第 086121 号

本书仅限中国大陆地区发行销售

文化的江山 02：王朝中国的确立

著　　者：刘　刚　李冬君
出版发行：中信出版集团股份有限公司
　　　　　（北京市朝阳区东三环北路 27 号嘉铭中心　邮编　100020）
承　印　者：北京尚唐印刷包装有限公司

开　　本：787mm×1092mm　1/16　　印　　张：12　　字　　数：166 千字
版　　次：2019 年 10 月第 1 版　　印　　次：2025 年 4 月第 2 次印刷
广告经营许可证：京朝工商广字第 8087 号
书　　号：ISBN 978-7-5217-0533-1
定　　价：58.00 元

版权所有·侵权必究
如有印刷、装订问题，本公司负责调换。
服务热线：400-600-8099
投稿邮箱：author@citicpub.com

目　录

引言·发现文化的江山　i

第1章　青铜时代与王朝中国的确立

01·鼎立的国体——鼎在国家观念中的胜利　002
02·二里头问鼎——问一问鼎的来历与身份　012
03·中国大锅饭——饕餮纹是民以食为天的代表　026
04·革命的本义——鼎革之路通往天体运行　032
05·文明缓冲带——天山峡谷的文明雅量　035
06·青铜的国度——革命是青铜时代到来的标志　045
07·夏是西化派——文化大联合终止于青铜时代　052
08·越禹和戎禹——茫茫禹迹留下中国之讖　058
09·禹兴于西羌——接取青铜时代的文明包裹　067
10·帝禹大会计——夏是一个世界而非一代王朝　072
11·会稽在哪里——认识良渚化世界的一条线索　077
12·夷夏变华夏——尧舜禹的不肖之子们　081
13·东夷与西夷——走向王朝中国的阶段　088
14·尸祭司母戊——借尸还魂的世袭制的神权来源　100

第 2 章　文化中国的延续与天下观

01 · 家国中与西——国家伦理观与天下伦理观　116

02 · 天下皇与帝——通往公天下还是家天下　122

03 · 尊夏与从周——把文化中国与王朝中国结合起来　127

04 · 禹兼和汤兼——有一种国家让世界充满爱　138

05 · 中国的选择——王朝中国是文明古国的改良版　143

06 · 回到尧舜禹——两个中国与三家思想的碰撞　148

07 · 重启天下观——走向人类性与个体性结合的天下　152

08 · 从民到匹夫——人民性与个体性的天下　156

09 · 天下三段论——走向人类共和的天下观　160

结语 · 文明的迁徙——通往历史之路　166

引 言

发现文化的江山

历史上,其实有两种中国史观。

一个是二十五史里的中国,叫作王朝中国。

一个是贯穿了所有王朝的中国,叫作文化中国。

所有王朝,都在兴亡交替中,短则数十年,长则二三百年,都难逃一亡;唯有文化中国越千年,历百世,还在发展,凝然而成文化的江山。

江山自然生成,人居其中,文而化之,而成国家。

英雄行走大地,人与山川相映发,而使文明开化。

英雄从远古走来,从神话走向历史,留下一个传说时代,被结集在《山海经》里,无论成书于何时,它都留下了初民用文明初曙之眼看到的世界。

《山海经》之所在,是个自由的世界,而非大一统的世界,是英雄的世界,而非神的世界,其主体为人,是表现为形形色色的文明图式的万物之灵,而非神。

《山海经》的世界,不仅在传说中存在,还通过考古发掘出来。

在考古学的框架里,它被归纳为几个相互作用的文化区系,每一区系,都拥有一大批文化遗址,这些遗址,如满天星斗,覆盖天南地北，不仅存在于大河上下，按流域分布，还从山到海，从昆仑到蓬莱。文明的存在，对应了那个《山海经》世界。

初民都相信，文明的种子来自天上，所以，先要在高山上生长。昆仑是最高的山，不光是天下水源地，更是文明起源地。然后，文明还要顺着河流下山去，流域所至，择其要处，或为村落，或为城市，或为国家，唯有国家，才能使文明长大。

文明在全新世大暖期里生长，度过了人类最美好的一段时光。

在江南河姆渡文化里，我们看到了有别于《圣经·创世记》伊甸园的中国式天道伊甸园，我们相信，《庄子》里说的那些比炎黄还要古老的人物，就应该在这里出现，不能像史官文化那样将它们当作荒诞的寓言。还有仰韶文化，分布在黄河中上游，从那天真烂漫的彩陶上，我们看到了文化中国的起源。而良渚文化则在"从东南往西北"的历史运势线上，开辟了一条玉石之路，贯穿了长江与黄河两大流域，用玉文化融合了两大文化区系，就在以玉为标志的制度文明——礼制的产床上，一个"审美的国度"——文化中国诞生。

人类在全新世开启了一个新时代，那就是考古学上的新石器时代。从新石器时代走向青铜时代，这是世界文明史的通例。但中国却有一个例外，那就是，当西方文明正走向青铜时代时，中国文明则顺着新石器文明的惯性，进入一个审美的玉器时代。西方文明史视野下的古代国家起源于青铜时代，而中国文明史视野下的古代国家则起源于玉器时代，这是我们在研究中的一个重要发现，以此而有了不同于西方文明的国家观念。青铜文化的国家与玉文化的国家有不同的文明属性：青铜国家的本质，有着明显的暴力认同的特征；而玉制的国家，就如同玉本身，不具有青铜那样的暴力属性，呈现出文化认同的特性。

《山海经》的世界，就包含了青铜时代和玉器时代。考古学认为，《山海经》反映的世界，处于金石并用时期，还把玉器当作新石器的一部分。这显然是不够的，因为，玉器与石器的差异不在于材质，而在于功能。玉虽被称作"美石",但其材质显然已不重要,重要的是那个"美"字,它强调了玉器的审美功能,以区别于石器的实用性。所以,我们更倾向于用审美的方式来称呼那个时代,不是称作"金石并用",而是称为"金声玉振"。

相比之下,在《山海经》里,是"金声"初起,而"玉振"已大作,明显有一个玉文化的体系存在,叶舒宪在《山海经的文化寻踪》中谈到,在夏商周还没有开始,汉字也还没有出现的时候,在中国境内已经有八个文化是崇拜玉礼器的,中国在四千年前已经被玉文化先统一了。我们举双手同意他的这一说法,但他接着又说了一句,就是那时中国还没有,整个东亚这块已经被玉文化统一了。为什么要说"中国还没有"呢?那时,没有王朝中国,还有文化中国呀,那被玉文化统一了的不就是文化中国?好在还有我们认领。

用王朝中国的史官文化来看,《山海经》无非"怪力乱神"而已;从文化中国的角度来看,《山海经》的世界则是一座史前文化的江山,是文化中国赖以成长的摇篮。我们重读中国历史,尤其是文化中国的历史,要从《山海经》开始,《山海经》可以说是一部玉器时代流传下来的文化中国图志,虽为历代王朝所屏蔽,却被文化中国不断重启。

王朝中国是青铜时代的产物,代表着"金",文化中国是玉器时代的产物,其本为"玉",可以说,文化中国是礼玉文明的一个政治成果。以良渚文化遗址所反映的国家样式为例,我们似可确认,那是一个信仰与审美的国度,也有权威,但基于文化认同。

这样"文化中国"与"王朝中国",就从根本上区分开了。因为,王朝中国是由文化中国"西化"而成的文明古国的改良版,所以,青铜时代的世界体系,终于在"金玉良缘"的王朝中国画上了完满的句号。四大文明古国中的三大古国相继消亡以后,继之而起的王朝中国,在与文化中国的互动中,又将文明古国的国脉延长了约三千年。

作为四大文明古国之一,中国的历史应该有五千年。可甲骨文的发现和殷墟考古，证明了孔子引用的"惟殷先人有册有典"（《尚书·周书·多士》），有文字记载的历史只有三千多年。但殷墟不是起点，而是高峰。那么，起点在哪里？孔子还说过"祖述尧舜"和"殷因于夏礼"，说明殷的前面还有个夏，说殷人继承了夏的礼仪制度，那就是已经把夏当作一个世袭制的王朝国家。夏的前面，还有尧和舜，他们的国家有可能是个尚贤与禅让的方国联盟。孔子追溯历史的起点到此为止，他不像古希腊人那样用神话作为历史开头，而是正相反——"不语怪力乱神"。到了太史公写《史记》时，其眼光超越孔子，将历史的起点追溯到炎黄，以黄帝为首，为炎黄子孙的历史开了个头，形成了帝王世系的历史和王朝史观的叙述方式。

夏在哪里？良渚文化用礼器——玉琮、玉璧、玉钺等所代表的一整套用玉制度为夏提供了中国最早的礼制文明的样式和古代国家起源的原型，而龙山文化则代表了正在发生的技术革命和文化转型，使文化中国向着青铜时代迈进。传说中，禹铸九鼎定九州，就标志着文化转型的完成，将良渚文化的陶鼎转变为二里头文化——夏墟的铜鼎，从此开始了问"鼎"中原。《易传》曰"革物者莫若鼎，故受之以鼎"，"革去故，鼎取新"。

二里头三期出土了青铜鼎，它是青铜时代到来的文化革命的象征，而最早将"鼎革"用于改朝换代的政治革命的，便是《易传》"汤武革命"里的那个"汤"。

就在夏墟不远处，距二里头遗址约六公里，又出土了一座偃师商城，属于商早期的二里岗文化，是"汤"以革命取代夏墟的硕果。有人说，它就是商都西亳，也可以这么说，它的地位，就像周人的东都，东都是克商以后建的。如果《尚书》所言不虚，那么《汤诰》有可能就是汤在偃师商城发布的革命宣言和战争动员令。与偃师商城同时，还有一座更大的郑州商城，相比之下，偃师商城更加军事化，实用性较强，神圣性和庄严感不足，缺少国之重器，尤其是缺了古代国家政权象征的鼎，如何"率民以事神"成为政治中心？

而郑州商城，不仅规模更大、规格更高，而且出土的国之重器多而配套，能充分满足首都对于神圣性和庄严感的要求，这是首都之所以成为首都的一个必要条件。我们假设一下，汤革命成功以后，要举行一次盛大的国家庆典，祭祀他的祖先和"帝"，当时有郑州商城和偃师商城两地可供选择，他会选择哪里？是在作为前线的偃师商城、原来的夏墟附近，还是在殷人发祥地、作为礼制文明中心的郑州商城——亳墟？回答无疑是后者。

为什么说郑州商城是礼制文明的中心呢？以文物论，这里出土了青铜礼器二百余件，尤其是那两只巨型方鼎，大的高达一米，它们成双成对，不言自威，有冲天霸气，不是一般贵族能用的，非王莫属！这样两只鼎，出现在约三千五百年前，别说在中国，就是放到全世界，也是罕见。这是两只见证过汤的开国典礼并且承担过"率民以事神"历史使命的鼎，或许我们能从它们身上听到早已凝固的庆典的欢呼声和"神化革命"的历史回音。这声音，从后来安阳殷墟的"后母戊"大鼎里消失了，尽管"后母戊"鼎看起来更有分量、更为辉煌，更加显示了帝国的气魄和力量，但革命精神却已荡然无存，我们从中再也听不到革命庆典的欢呼声，它早已丢失了杜岭方鼎的灵魂，因为那时一个王朝中国已经形成。

殷墟，形成了一个标准的王朝国家，那是一个与世界文明古国接轨的国家，它的出现，标志着青铜时代的世界体系的完成。这一历史进程，就如同近代以来的工业革命，当其在英国出现以后，就开足了工业革命的世界化马力，两次世界大战以后，美国接力而起，继以工业革命的全球化体系，而当下中国工业革命，又从美国那里传承全球化的工业革命的火炬，预告着工业革命的世界体系就要在中国完成。它使我们又联想起殷墟时期在中国发生的青铜时代的那一次金石革命，那也是先在西亚兴起，在中亚，从黑海到里海之间的南俄罗斯草原，经由雅利安人接力，以国家与革命的方式传递，世界三大文明古国古巴比伦、古埃及、古印度随之解体，文化中国亦随之"西化"，从玉器时代转向青铜时代。这么一转，不仅催生了王朝中国，而且使得随着青铜时代到来的世界体系最后也在中国完成。

从殷墟开始，中国历史便走上了王朝中国之路，且与文化中国互动，治乱循环，双轨同运。儒以道统与政统划分：道统出自文化中国，以孔孟之道为代表，政统出自王朝中国，以周秦之制为代表。又有"阳儒阴法"一说，以为道统反映儒家思想，而政统则基于法家思想，这也就是所谓"霸王道杂之"。还有两家——墨子与杨朱，一个主张兼爱，一个主张为我，不与王朝中国合作，孟子骂他们"无君无父"，但他们却影响了文化中国。

儒家道统只是文化中国的一条线索，还有墨子一线，以侠义精神和会党政治贯穿，成为民本与民间运动的源泉；有杨朱一线，他那"为我"一声吼，便是中国最早的"个人权利"的宣言；有庄禅一线，以回归自然的审美和思辨开拓着中国艺术的空间，这一线，从山海图到桃花源，从东篱到东坡，从山阴道上人与山川相映发到山水诗到山水画……

王朝虽然赫赫，不过历史表象，江山何其默默，实乃历史本体。表象如波易逝，一代王朝，不过命运的一出戏，帝王将相跑龙套，跑完了就要下台去，天命如此，他们不过刍狗而已。改朝换代，但江山不改，家国兴衰，还有文化主宰，文化的江山还在。

"秦时明月汉时关"，秦汉两朝已去，可关山依旧，明月依然。这关山啊，就是文化的江山！命运诗意地栖居于江山，我们知天命以诗。重读中国历史，要把历史放到江山中读，不要放在王朝里读。要用诗性的眼光读，不要用"资治"的眼光读，以诗性之眼，能读取文化的江山，用"资治"的眼光，只能围绕王朝打转，把历史读成阴谋诡计。

"春风又绿江南岸,明月何时照我还",王安石用了诗性的眼来创作,诗中有"我","我"在选择,选择了"还",他放下王朝,抱住江南——那诗性的江山。陈寅恪"以诗证史",一部《柳如是别传》,还是在江南——那"独立之精神,自由之思想"的江南。

"臣心一片磁针石,不指南方不肯休",那"南方",就是文天祥魂归之、魄寓之、命托之的江南,宋朝不在了,可江南还在,他的乡愁还在。中原与江南,一个是王朝中国的地理根据,一个是文化中国的人文始基,北宋亡时,中原成为南宋的乡愁,南宋亡时,江南成为他的乡愁,那是他为之披肝沥胆、为之刻骨铭心的来自文化中国的乡愁。

我们再来看看盛唐,盛唐气象,并非那些帝王将相,而是唐诗的江山。

试问有唐一代,有多少帝王?翻一下二十五史里的《唐书》就知道了。

他们从字里行间,列队而出,向我们走来,除了李世民、武则天,我们还认识谁?还有一位李隆基。对不起,我们知道他是因为杨贵妃,一首《长恨歌》便盖过了他的本纪。他是王朝的太阳,光芒万丈,可在《长恨歌》里,美是太阳,集中在杨贵妃身上,留一点落日余晖,让他来分享。还有滕王阁的滕王,谁知道他的名字?而一篇《滕王阁序》,都知道是王勃作的,久而久之,滕王消失了,一提起滕王阁,人们就说王勃,这是为什么?放大了说,那就是滕王属于王朝中国,王勃属于文化中国,套用歌德的话来说:王朝总是灰色的,文化中国之树常青。而王勃,就是文化中国之树盛开不败的诗性的花朵。

文化的江山里,没有统治者的位置,要坐文化的江山,帝王也要写诗。

然而,诗性是天命和灵魂的吟唱,诗的灵感,并不特别钟情于帝王。

据说，乾隆皇帝爱写诗，一生写了四万多首，他一个人写的诗的数量快赶上《全唐诗》了，可有哪一首诗能流传至今？大鱼大肉的四万多首诗，还抵不过李白清清淡淡的一首。

月光下，摇篮旁，母亲在吟唱："床前明月光，疑是地上霜。举头望明月，低头思故乡。"就这样，唱了一千多年，至今还在唱，那一缕缕诗性的光芒，照亮了婴儿的脸庞，温暖了孩子们的心房，文化中国的公民们就这样成长，我们从中看到了希望。

中国是诗性的国度，唐诗的江山虽然灿烂，但再怎么辉煌，也还是不及先秦时代的诸子诗性在天。当诗性，以天命和天道的意味呈现在我们眼前，我们怎么还敢说中国不曾有过哲学的诗篇？老子的《道德经》，难道不是一首最好的形而上学之诗？还有《孙子兵法》，岂非世上最美的兵法？天地人总体战，生与死的美学，当以诗性表达。

当年，王国维作《人间词话》，以诗话体行文，却写了一篇关于唐宋词的论著，我们自问，能否也诗意地栖居于历史，去写一部诗性的文化中国的通史呢？我们这样想了，也这样做了，做的成果，就在我们的《文化的江山》里。历史的精神，追随陈寅恪，其美学形式，则取之于王国维，加上我们的思想与文字，形成本书的风格与宗旨。

历来写史，都以王朝为本位，以帝王为中心，写王朝史，表达王权主义，即以宫廷政治和帝王权谋为主线，写来写去，也都是些改朝换代和开国皇帝的故事，那根线，历史的主线，还捏在王权的手心里，被王朝史观牵引着，进入王朝中国的历史。

然而，还在20世纪初期时，不就有新文化运动，开始"反封建"了吗？反了近一个世纪，为什么还反不出王朝史观呢？中国的思想者们，究竟在哪里失足了呢？

如今反思，这才发现，"反封建"在反到"人民"与"革命"这两个最为神圣的观念时，就停下了，连鲁迅面对黄包车夫尚且要"榨出皮袍下面藏着的'小'来"，他对"国民性"的批判，也就停留在

"文化人民性"的重建上，未有"文化个体性"的自觉。

马克思说过，他是在批判旧世界中发现新世界。他在批判中，发现了什么呢？他发现了"人"，发现了近代意义的自由平等的"社会性的人"，他的"剩余价值论"，就是强调社会人的价值，不光是社会人的经济学价值，更是社会人的政治哲学价值。

反封建，还要反王权；要对封建主义做社会形态的批判，以确立人的社会性；还要对王权主义做文化性质的批判，以确立人的文化个体性。这是基于人性三段论。

我们认为，人性的发展，经历了三个阶段：第一阶段是人对于自然的自觉，而有类意识，我们称之为"人类性"阶段；第二阶段是人对于他人的自觉，而有群意识，我们称之为"社会性"阶段；第三阶段是人对于自我的自觉，而有自我意识，我们称之为"个体性"阶段。个体性之道德一维，我们称之为"个体人格"；个体性之政治一维，我们称之为"个人权利"；对于"个体性"的文化认同，亦即文化一维，我们称之为"文化个体性"。

从"文化个体性"出发，我们走向文化中国，重读中国历史，就是以自我意识对历史做选择。历史上有两种中国史观，王朝中国和文化中国，我们选择了文化中国。

文化中国，不一定非要呈现某种既定的国家形态，在与王朝中国互动中，它以文化的江山表现出来，即便在当下民族国家的世界之林里，它依然漂洋过海，以全球化的天下观的方式存在，就像《山海经》世界那样。文化的江山，开启了"海外经"时代。

# 第 1 章

青铜时代与
王朝中国的确立

01

鼎立的国体

—— 鼎在国家观念中的胜利

围绕"社稷"开展的群众性的集会活动,形成了"社会"。

"社会",是在分配土地和粮食的群众性的祭祀活动中形成的。

土神与谷神的结合,具有农耕文明的属性,由此而形成的"社会",当然就是个乡村"社会",带有"公社"性质,与西方城市文明的市民社会的属性有所不同。

由此看来,中国"社会"的核心问题,就是个"吃饭"的问题,而西方"社会"的核心问题,则是个"契约"的问题。这两个大问题,似乎都大到与古代国家起源相关,中国古代的国家起源,看来与"吃饭"有关,西方的国家起源,则与"契约"有关,解决"吃饭"问题要靠农业,而人与人的"契约"是因为商业。这里就有个古代国家本位的问题,靠农业的,当然是国以农为本,靠商业的,就发展出重商主义和资本主义那一套。

这样的差别,也可以说是追求统一的文化和趋于分化的文化导致的。

一般来说,追求统一的国家,国家规模都比较大,多半能够自给自足地解决"吃饭"问题。而趋于分化的国家,基本上都是城邦类型的小国,要通过国与国之间的贸易活动才能生存和发展。因此,贸易中的"契约"原则,遂为立国之本,也是国际法。

在中国，解决"吃饭"问题的国之利器，有它的象征物，便是那只"鼎"。

在中国国家博物馆里，我们看到一只陶鼎，它是良渚文化的一个样本。诗曰：

> 肖然一只良渚鼎，几番北上到京城。
> 曾经中原凭人问，犹记当年有尧舜。

这鼎，从浙江吴兴钱山漾出土，对此，人们会联想到一个成语：问鼎中原。

何以要"问鼎中原"？回答这个"鼎"的问题，就与"中国"的来历有关了。

"中国"，本是个人文地理的概念，通常，在"中原"立国，即为"中国"——"中原之国"。但"中原"，并非地理位置的中央，而是四通八达，人文活动集中的地方。

同时，"中国"还反映了国家制度观念，表达了追求国家统一性的理想，当王制确立后，王权所在的"中央之国"，便是"中国"。此外，"中国"还有其属于政治文化的道统那一面，也就是王权主义，一旦形成，又会出现一个道统"中国"——"中道之国"。

可"问鼎中原"，除了"中原"，还有"鼎"，何以要问"鼎"而不问别的？

而且还要跑到"中原"来问，何以不问别处？"鼎"与"中原"因何缘起？

我们知道，最早的"鼎"，从"中原"裴李岗文化出土，可接下来，仰韶文化弃"鼎"用"鬲"，划出史前文化中国的分水岭，分了"用鼎文化区"和"用鬲文化区"。

第 1 章 青铜时代与王朝中国的确立

苏秉琦在《略谈我国东南沿海地区的新石器时代考古》一文中指出，我国历史地理，大体可分为两大部分：面向海洋的东南部地区和面向亚洲大陆腹地的西北部地区。

他还特别强调了"东南"这一部分在中国史前文明进程中的先导作用，说："流行于全国广大地区的以'鼎、豆、壶'组合而成的礼器、祭器的渊源就是这一地区。"

按照严文明的说法，"东南"部"用鼎文化区"，是从长江中下游到黄河下游的两河流域之间的半月形地带，也就是从江湖——"长江—太湖"——到海岱的江浙和山东地区。

这一带的考古学文化，按流域分布，从南往北，江南是良渚文化，江淮之间是薛家岗文化，黄淮之间的是龙山文化，它们所在的范围都是用鼎文化区，都以"鼎"立。

仰韶文化对"鼎"与"鬲"的选择，也许初不经意，但一路发展下来，就成了文化分别。本来，鼎与鬲，皆为炊器，且为炊器中之大器，"民以食为天"的那个"天"，就要通过这样的大器来呈现。其差别，在于下面的三足部分，鼎足实心，鬲足中空，宋沈括《梦溪笔谈》曰："古鼎中有三足皆空，中可容物者，所谓鬲也。"其功能，在于盛煮食物。

先民聚族而居，惯以大器聚餐，分食者众，若无分配机制，势必乱套，所谓"人口"问题，即滥觞于此，而管理"人口"，其根本就在于分配食物，以此而有礼制文明。

因此，鼎与鬲的分别，主要就在分配食物的方式上，亦即对"人口"的管理上，对它们的选择，有可能体现了不同的制度安排。形制上的差异，或许被用来当作文化区系的标志，当"绝地天通"来临时，二者的差异性，又被赋予了古代国家起源的意义。

以"鼎"为例，若以天、地喻之，那么盛煮食物之容器为天，鼎足为地，这两部分是隔绝的，能反映出"绝地天通"的国家意志。而"鬲"则不然，地足中空，与天腹相通，一副"上下与天地同流"的架势，显然不能作为"绝地天通"的王权国家的喻体。

还有"问鼎"二字，究竟问"鼎"的什么？我们回到这两个字的出处，来看《左传·宣公三年》怎么说："成王定鼎……天所命也。周德虽衰，天命未改，鼎之轻重，未可问也。"由此可见，原来问的是"轻重"，论"轻重"，当然是"鬲轻鼎重"，因为，鬲足空虚，鼎足结实，由此一虚一实，而知孰轻孰重。且鼎、鬲二物，作为国之重器，径往形体增大和重量增加方面发展，鬲之空足，也就越来越给人以立足未稳的感觉，不适应向"重大方向"发展的需要了。故王权国家弃鬲用鼎，以鼎立国，摆出了一个民以食为天的架势。

"问鼎"何以还要问到"中原"来呢？这一方面反映了太史公所谓"事起于东南，而收成于西北"的中国历史运动大势，另一方面也是"鼎"回老家寻根，带来了有关正统的国家观念。当年，裴李岗鼎文化流失于西北，流落到东南，与东南鼎文化相遇后，又被良渚文化连同国家观念一起送回来了，回来时，相遇了一个新的时代——青铜时代。

原始鼎，是在陶釜下面，立三个支座，虽然最早见于中原裴李岗文化，但江南河姆渡、马家浜文化也都有了。它们之间，未必有继承关系，这样简单的构造，纯属实用功能的自然延伸，在哪里都有可能发生。物理功能简单，文化功能难免复杂，关键在于人所赋予的观念。没有比人的观念更复杂的了，再简单的构造，一旦与人的观念相遇，也会变得复杂起来，有时越简单的构造，被赋予的观念反而越复杂。比如，一个简简单单的太极图，就被赋予了"道生一，一生二，二生三，三生万物"的宇宙观念，同样，一只普普通通反映先民生活方式和族居习惯的鼎，也变成了贯通天、地、人的王权主义的国家观念的鼎。

"鼎"之本义，在汉代许慎《说文解字》中这样说："鼎，三足两耳，和五味之宝器也。"显然，这是针对盛行于商、周的青铜鼎而言的，此前，陶鼎无耳，由此可见，被赋予了国家观念的鼎，基本上都是青铜鼎。那个"鼎"字，究竟被赋予了哪些与国家有关的观念呢？首先，鼎被赋予了王权观念，问鼎、定鼎、鼎命、鼎业，都与帝王之位和帝王大业有关；其次，鼎被赋予了政权机构的行政职能观念，如以鼎台、鼎臣、鼎辅、鼎司来比喻三公、宰辅、重臣之位；最后，还有天命观念，如以鼎祚、鼎运、鼎革喻国祚、国运以及革命等。

而"鬲"字，不仅未能分享国家观念，反而被国家观念边缘化和异化。与国家有关的带"鬲"的词，只有一个，那就是"鬲国"，据说，是夏朝的一个很不起眼的小方国，明显带有贬义。与"鬲国"有关的氏族，被称作"鬲氏"，后来，还有作为行政建制的"鬲县"，这些都提不到国家观念的台面。更有被称作"人鬲"者，如果不是作为人格低下的奴隶，那最起码也是"被损害与被侮辱的一群"，这些都表明了鬲文化在国家观念里的失败。更有甚者，乃至于将"鬲"异化为"隔"，当作分隔、闭塞解。鬲本中空，足与腹相通，何"隔"之有？但是，在国家观念的支配下，"鬲"被做了新解释，那真是"叫你隔，不隔也隔"。

鬲让位于鼎，并非鬲文化区的整体失败，毋宁说是一种妥协。因为东南鼎文化区只是为鼎提供了形式因，还有质料因，也就是青铜，则由西北鬲文化区提供。西北鬲文化区在玉石时代落后于东南鼎文化区，但却占了青铜时代到来的先机，早在马家窑文化里就已出现了青铜刀。不管这文化是原生的，还是驮来的，总之，只要比东南鼎文化区率先进入青铜时代就够了。当以良渚文化为代表的鼎文化区带着国家观念和国鼎样式进入西北鬲文化区的中原时，玉器可为国玺，陶鼎岂能立国？必以青铜立之！正如良渚文化提供了一整套玉的政治文化以及有关国家观念的文明样式,而中原仰韶文化提供了实质性的国土一样,正是"从东南往西北"的鼎鬲两大文化区的统一,使一个更为辽阔的中原地理王国出现了。

鱼鳍足陶鼎,浙江湖州钱山漾良渚文化遗址出土,良渚文化

　　鼎与鬲,皆为炊具,在国家起源的关头,鼎成了国家观念的代表和国家形态的象征,而鬲则上不了国家观念的台面,在国家的制度安排中,鬲进不了上层建筑,只好还在经济基础里待着。这反映了在国家形成的过程中,以东南半壁为主体的用鼎文化区的胜利,而作为用鬲文化区代表的中原区系的仰韶文化,被作为用鼎文化区代表的龙山文化取代了。考古学家苏秉琦说:"运用考古学方法论,认识到鼎鬲不同源、商周不同源,这是

黑陶鬲，山东济南城子崖遗址出土，龙山文化

我们绕过中华大一统观念，考古寻根的一次重要尝试。"他从"鬲"的形制不同推导，农耕族以食为天，鼎鬲逐渐成为人们寄托希望的载体，并获得了相同的礼器身份——鼎鬲合一。青铜时代鼎鬲分化，鼎荣升为国之重器，鬲则消失在公元前5至前4世纪，正是春秋孔孟时代。据说弟子以瓦鬲献食孔子，孔子大赞，"如受太牢之馈"。当时瓦鬲已沦为陋器，孔子却有一种从前食礼的享受。可见，礼崩乐坏之世，孔子还在怀念瓦鬲之礼。

乳丁纹陶鼎，河南新郑裴李岗遗址出土

　　河南新郑裴李岗文化遗址似乎是个特例。它与仰韶文化和龙山文化的特征不同，尤其在地层关系上，它被叠压在仰韶文化层之下，是不同于仰韶文化的另类文化，据考古学家考证早于仰韶文化，距今约七千五百年至六千九百年，与河姆渡文化年代相近。石磨盘、石磨棒、锯齿石镰、圆刃长条形石铲，皆为耕种、收割、加工稻谷的先进石器，是其他遗址所不见的器型，还有陶塑羊头和猪头，表明畜养开始，而该遗址出土的乳丁纹陶鼎，为裴李岗文化更增添了特立独行的气质。

陶塑羊头和猪头，河南新郑裴李岗遗址出土

锯齿石镰，河南新郑裴李岗遗址出土

圆刃长条形石铲，河南新郑裴李岗遗址出土

02

二里头问鼎

—— 问一问鼎的来历与身份

鼎的国家化，出于青铜时代，成了王朝中国的标志。

传说中，禹铸九鼎，定九州，这便是夏王朝的开始。

可一代王朝留下的，不应该只是个传说吧？也许就像殷墟那样，还有个夏墟存在，还在什么地方静悄悄地待着，只等考古的铲子把它从地下发掘出来。

可夏墟会在哪里呢？既然跟鼎有关，那还是"问鼎中原"吧！

果然有了发现，最早的青铜鼎，就出现在中原二里头文化中。

那是一只圆鼎，三足鼎立，两耳竖起，高20厘米，口径15.3厘米，敛口，折沿，腹饰带状网格纹一周，壁薄，以空心四棱锥状立足，壁内一侧近底处有铸残后修补痕。看来，此鼎虽为目前所仅见，但作为立国重器，尚有遗憾。若问鼎之轻重，显然分量不足，器薄不够厚重，故以空足立之，壁内且有残破，略显草创痕迹，腹饰仅为网格，草率有如铜篱，与龙凤云雷及饕餮纹饰相去甚远，失之轻薄简陋，观之未有王者气象。

这当然不是什么镇国之宝，但也不可小觑，自有其不凡的风姿。

观其形制，锥足直立，昂然挺拔，如雨后春笋，如风荷出水，如青铜芭蕾，跳着冶金的五行舞步，展示其金属身份的优雅，为国家的鼎立，提前做了预告。

究其来源，陈剩勇在《中国第一王朝的崛起》一书中问道：流行用鼎的新石器时代晚期文化，哪一个文化圈的陶鼎与夏商周三代的立国重器青铜鼎具有渊源关系？他列出"用鼎文化区"各文化圈中陶鼎典型器物，把它们与商代前期遗址中出土的青铜鼎，从形制上做了比较：黄河中下游的河南龙山文化、山东龙山文化的陶鼎，在器型上，均与夏商周的青铜鼎相去甚远，而长江中下游的薛家岗文化和良渚文化的陶鼎则与之相似，鼎足与鼎身比例，亦与三代格范一致，尤其良渚文化陶鼎，器表或以蟠螭图案为纹饰，或于红陶表面饰以黑色陶衣，正所谓"禹作为祭器，墨漆其外而朱画其内"，已然具备了鼎的原型。

但日本学者宫本一夫在《二里头文化青铜彝器的演变及意义》一文中，根据铸造技术的变迁以及作为彝器模型的陶器所属文化类型指出，二里头遗址出土的那只鼎，应该属于二里岗初期。二里头彝器，仅有爵、斝等酒器，到了二里岗时期，才有彝鼎问世，炊器才开始加入青铜文化行列。这种酒器优先的说法，似乎未将鼎作为文化区系的标识来考虑，仅从器物的实用功能方面做技术性的提示，而未能深究其普适价值，因而降解了它的文化意义。当其成为国体标志时，由于被忽略了来历，难免有历史与逻辑的缺失。

历史的缺失，那就是刚刚发现的夏墟的线索，又随着那只鼎的转移消失了，因为夏王朝的头等大事，就是禹铸九鼎，那可以说是"中国"出现的标志性事件。那鼎在，夏就存在，把鼎转移到商朝去，夏又失落了，仅凭那几件酒器，无法证明夏的存在。

而逻辑的缺失，则是宫本一夫一方面强调了王朝更替下技术体系的连续性，另一方面又从技术体系中取消了作为王朝标志性的鼎。在他看来，夏之为夏，也可以没有鼎，没有鼎的夏，那还是禹铸九鼎的夏吗？在我们看来则不然也，夏之为夏，必须有鼎。

宫本一夫指出，二里头的青铜彝器大部分为爵。爵为酒具，可为祭器，《尚书》中，有"酒诰"一篇，对饮酒做了许多限制和规定，其中就有只允许在祭祀活动中饮酒的规定，其他场合，尽量不喝，喝也必须有节制，不能喝醉，不能群饮，更不能酗酒，免得跟商纣王那样，喝得国破人亡，所以，爵虽为彝器，却上不了国家观念的大雅之堂，不能以国之重器作为"中国"出现的标志。因此，在国家观念的层面上，问鼎可以，问爵不行，爵多了，说明喝酒成风，对于国家来说这不是好事，桀、纣之君都是爱爵不爱鼎。

开国铸鼎，传说中，禹铸九鼎，未闻铸爵，夏亡之时，鼎迁于商，商亡之时，鼎迁于周，亦未闻有迁爵者，而且都留下一堆爵在那里，作为酗酒而亡的物证。

有趣的是，宫本一夫从二里头文化中拿走了那只鼎，就像传说的那样"迁鼎于殷"——将二里头的鼎迁到二里岗去了，留下一堆亡国的物证，从中如何能找到开国的证据？所以说，拿走了那只鼎，就等于拿走了青铜时代来临时的那个"最早的中国"。

"中国"的出现，并非古代国家起源，而是国家形态从区域化的方国向中央之国发展，是各个文化区系向统一性的文化中国发展。"中国"，不是由哪一种文化独创的，而是由多种文化合力造就的。首先，仰韶文化缔造了"中国"的基础——国土；其次，龙山文化形成了"中国"的主体——国体，还有良渚文化，作为龙山文化的先驱。

就鼎而言，三代彝鼎，不光形制效法良渚陶器，纹饰亦多仿效良渚玉器，这就使得新兴的青铜文化，在形与饰两方面，都综合了良渚陶文化和玉文化，使之在文化形态上具有了更高的统一性。以商代早期郑州商城出土的杜岭一号方鼎为例，它就不像二里头出土的那只三足圆鼎，还保留了良渚陶器的形制，而是完全摆脱了良渚陶鼎的格范。它在纹饰上，也不像二里头圆鼎的网格纹那样简陋，而是仿效良渚玉器的纹饰。铸鼎惯用的饕餮纹饰，正如陈剩勇所指出的那样，就是从良渚文化玉琮、玉钺、玉冠状饰和玉三叉形器表面的神徽和兽面纹发展演变而来的。但是，从夏墟二里头仿陶形制的圆鼎到商城二里岗青铜彝器特有的方鼎似有断档，从三足到四足，从网格纹到饕餮纹，中间应有一种圆鼎过渡。

过渡之鼎，应当形制似陶，纹饰如玉，具有陶文化和玉文化的统一性的特征。具体说来，便是在二里头出土的那只三足圆鼎上，删除了较为草率的网格纹，代之以更为精致且富于神圣感和神秘性的良渚玉饰，并且以浑然厚重的体格取代原来俏然的轻薄之体，使之趋于国家观念中的国体的标准。当然，这样的一只鼎，目前尚未出土，但我们相信，它就在地下的某个角落里等待被发掘，以期重见天日，那就权当留个猜想给考古学吧。

黑陶鼎，高 13.5 厘米，口径 17.6 厘米，浙江杭州余杭北湖出土，良渚文化，浙江省良渚文化博物馆藏

鬼脸足陶鼎，山东济南城子崖遗址出土，龙山文化

  从河姆渡、良渚文化的黑陶鼎，到龙山文化城子崖遗址出土的鬼脸足黑陶盆形鼎，再到二里头遗址出土的青铜鼎，我们可以看出鼎的来龙去脉。很显然，鼎从黑陶文化区系传来，而非彩陶文化区系自产，青铜鼎虽然出现在原来彩陶文化区系的中心地带，但文明的色标与形制却告诉我们，鼎

黑陶鼎，河南偃师二里头遗址出土，具有良渚文化风格

陶鬲，河南郑州商城遗址出土

尚黑，源自黑陶文化，由此，我们可以看见，用鼎文化区同黑陶文化区系具有高度重合性。即便在无可怀疑的处于青铜时代的郑州商城遗址，还留有陶鬲文化遗风。

最早的网格纹铜鼎，河南偃师二里头遗址出土

半圆形钮铜铃和管状玉铃舌，河南偃师二里头遗址出土

最早的青铜鼎出土于河南偃师二里头遗址，遗址位于偃师市区西南，面积达3平方公里，南临古洛河，北依邙山，东西险要，被考古学界称为"华夏第一都"。年代约在公元前1900至前1500年。1959年开始发掘至今，考古人带着寻找"夏墟"的前提，以为找到了传说中的"夏都"，其与史学文本的传统叙事的夏朝开始的时间接近。有大型的宫殿建筑基址群三十多座，大型的青铜作坊遗址一处，出土大量耐火材料坩埚的残片和陶范，

铜爵，河南偃师二里头遗址出土

铜盉和铜斝，河南偃师二里头遗址出土

说明偃师二里头人已经掌握了铸造青铜的技术，可以自己生产所需，不仅能量产，还能铸造比较复杂的青铜器型。如：网格纹三足青铜鼎、铜铃、铜管以及青铜爵等。墓葬有数百座，随葬品有青铜爵、青铜斝。还有绿松石镶嵌的兽面铜牌饰、玉器和陶器，几乎是良渚文化的翻版。这个遗址的面目，呈现了"玉"文化的方国气质向青铜文化的王朝国家的过渡业态。

兽面乳丁纹方鼎，通高 100 厘米，口长 62.5 厘米，口宽 60.8 厘米，重 82.4 千克，河南郑州商城遗址出土

兽面纹青铜爵，河南郑州商城遗址出土

　　二里岗文化遗址位于河南郑州城东南郊。1950 年，一位郑州小学老师在二里岗高地发现了陶器和石器，引发考古学界的兴趣，于是开始调查发掘，他们意识到这里也许是比殷墟更早、更大的商代都城遗址。根据地层上下的堆积关系，将这一遗址分为"二里岗上层"和"二里岗下层"文化，又称二里岗期商文化，年代晚于偃师二里头文化，早于殷墟晚商文化，属于早期青铜文化。显然二里岗不是考古学家寻找的夏墟，之后，在这一遗址上发现了一座长方形的都城基址，城墙周长 7 公里，残存高度 1～5 米，墙底宽 20～30 米，于是二里岗遗址又被称为郑州商城遗址。城内有大型宫殿夯土基址、蓄水池和输水管道，城外有铸造青铜和陶器作坊，以及外城墙，除了房基、祭祀坑、陶器、玉器、金器、石器、原始瓷器、象牙等，最重要的还有三个埋藏青铜器的窖藏。三座窖藏仅大小方鼎、圆鼎就有十多件，最大高达 1 米，而且出土时为一对。

河南郑州商城遗址出土的各种青铜鼎

青铜兽面纹圆鼎，河南郑州商城遗址出土　　郑州商城遗址的窖藏青铜器发掘现场

　　从河南"偃师商城"到"郑州商城"，都留下商汤革命建立王朝国家的物化痕迹。"郑州商城"不仅出土了杜岭方鼎，还出土了形制各异、大小不等的青铜鼎，上面的饕餮纹饰，与良渚"琮王"上的神徽纹饰有承继关系。由玉文化向青铜文化转型，中国的历史，从此走向王朝国家的天下，同时也走向了革命的天下。

浇铸青铜用的石范，山西夏县东下冯遗址出土

石磬，山西夏县东下冯遗址出土

　　山西夏县东下冯二里头文化遗址，是考古学家在晋南大地探寻夏文化时发现并发掘的。东下冯遗址位于山西夏县东下冯村青龙河两岸的台地上，面积约25万平方米。遗址呈现了庙底沟二期、龙山文化、二里岗商代都城，直到东周文化遗存。

铜爵，山西夏县东下冯遗址出土

卜骨，山西夏县东下冯遗址出土

青铜兽形双耳鬲，内蒙古赤峰宁城南山根出土，夏家店上层文化

饕餮纹铜鼎，内蒙古赤峰翁牛特旗头牌子出土，夏家店下层文化

　　内蒙古赤峰夏家店遗址，据碳-14测定距今三千九百年至三千四百年，相当于殷商早期以前，稍晚于偃师二里头时期，也许是继续发展中的"夏墟"。该遗址上层出土了青铜鬲、陶鼎以及陶鬲，下层出土了饕餮纹铜鼎，以及彩绘陶鼎、彩绘陶鬲等，被誉为北方青铜重镇。特别值得一提的是翁牛特旗头牌子出土夏家店下层文化饕餮纹铜鼎，其形制与纹饰所反映的精神气质，比起河南偃师二里头出土的网纹铜鼎，看起来更成熟，不仅在时间上，而且在作为国之礼器的分量上，也都处于从偃师二里头时期到郑州二里岗时期的中间形态，更接近祭祀重器的地位。

彩陶鬲，内蒙古敖汉旗大甸子遗址出土，夏家店下层文化

与鼎相比，夏家店遗址出土的鬲似乎更为时人奉若美器，普遍彩绘，至少此时鼎鬲并重。到杜岭方鼎时，已是中商时期了。如果说"郑州商城"是王都的话，那么杜岭方鼎的身份是不容置疑的，鼎里放置一鬲，说明鬲的礼器地位还在。

夏家店文化遗址显示，彼时彼地有成熟的陶器和青铜器以及祭祀礼器的文化诉求。

还有内蒙古敖汉旗大甸子夏家店文化遗址彩绘陶器和陶鼎、陶爵等，也都参与了向夏文化挺进的过程。

03

中国大锅饭

—— 饕餮纹是民以食为天的代表

在中国国家博物馆里,我们还看到了另一只鼎,那是青铜四足大方鼎。

该鼎,因发现于河南郑州杜岭街的商城遗址内而被称作"杜岭一号"。出土时,鼎有两件,一大一小,大的是一号,小的是二号,并排陈列,形制和纹饰完全一样,都是方形,深腹,双耳,四足,鼎腹上部都饰以饕餮纹,两侧及下部则饰以乳丁纹。

鼎之本体为锅,原是个吃饭的家伙,纹饰里的饕餮,那就更是个吃货,而乳丁纹,则似乎与食之源头的母乳有关,将这些整合在一起,纳入国家观念中,我们发现:

国是一口大锅饭,王如饕餮来聚餐。
遍体乳丁作母乳,从此民以食为天。

中国的"大锅饭"究竟有多大呢?"民以食为天",就像天那么大!

国家观念中的人,抽象地说,是作为国家主体的"人民",具体说来,便是一个个以吃饭为目的的"人口"。"人民"可以神圣化,可以作为"天"来对待,"人口"就不行了,得有个饕餮来监管。"人口"多了,"食源"

不足，需要控制"人口"，"人口"少了，国家生产力和战斗力不足，又需要更多的人口，这是经济短缺状态下国家的尴尬。

《吕氏春秋·先识》说"周鼎著饕餮……食人未咽"，所谓"食人"，未必就是生物性的"人吃人"，其实是一种国家反映，最直接最有效的反映就是战争，通过战争来克服国家的困境。以战争来调节"人口"与"食源"之间的流动性——减少敌人，增加食源，就成为一个国家保持活力所必需的本领。为了取得战争的胜利，就要增加本国"人口"，提高国家生产力和战斗力，此即"以战养战，输毒于敌"。所以，"食人未咽"，对外，可以看作国家发表的战争宣言，是国家对战争的号召和动员。饕餮，作为古代国家的标志，当然要反映古代国家的本质，就像西方的利维坦一样，古代国家都有"吃人"那一面，在饕餮纹里，就表现为"食人未咽"。在找不到经济增长方式的时候，战争就会经常发生。

但战争也要适度，过度了，就会像饕餮那样，因为吃得兴起，贪得无厌，而"害及其身"——把自己的身体也吃了，吃得"有首无身"。

杜岭一号鼎上，还没有露出古代国家本质的狰狞吃相，毕竟还是个开国之鼎，还带有开国时期的理想之光。饕餮纹上的那一双眼睛，虽然已经开了梭子形的"臣"眼，不像良渚神徽上那一双圆眼闪烁着赤子之心的光芒和文明初曙的梦想。但是，我们从它那凸起的眼睛里面，还是看得出一种"知天命"意味的成熟的眼神，看得出文明的慧根已立，文化的慧眼已开，那可是祖宗在天之灵，用坚定的目光穿透云层监护着他的子孙。那就要张开的口，也并非要"吃人"，而是准备着传达天命……就这样刷新从神话到历史的进程。

有人说，不了解饕餮纹，就不懂商文化。而了解饕餮纹，就必须从它的源头——良渚文化的玉器入手，尤其要从神徽入手。李学勤《良渚文化玉器与饕餮纹的演变》一文，从八个方面阐述了良渚与商前期两种饕餮纹的关系，基本上说清楚了饕餮纹从良渚文化经由龙山文化到二里头文化再到二里岗文化和殷墟的演变轨迹。在《论二里头文化的饕餮纹铜饰》一文中，李学勤介绍了流传到海外的七件饕餮纹铜牌饰，指出，这七件的器型和纹饰都与二里头出土的饕餮纹铜牌饰相似，饕餮纹确已在二里头青铜文化里出现过，终于迈出了从玉器纹饰到铜器纹饰这一步，那绿松石镶嵌的铜牌饰或许就是"率民以事神"的标志。

我们可以这么说，饕餮纹源于良渚文化，经由龙山文化损益后，进入二里头文化，发生了从玉器向铜器的转化。这一转化具有革命性的意义，开创了一个新的时代——青铜时代，建立了一个新的国家——青铜中国。青铜中国的到来，并未打破玉中国的世界，而是以金玉良缘的共和方式完成了文化转型。转型，由龙山文化完成，良渚文化则因其玉文化已经完美到僵化，一味矜持，放不下玉的高贵和典雅，没有跟上新时代前进的步伐。

转型完成的一个硕果，便是二里头文化，那就是夏。但转型完成的标志物，也就是"禹铸九鼎"的那只"鼎"，那只饕餮纹从玉器转移到青铜器上的"鼎"，还没有从二里头文化里出现。那饕餮，一直在良渚玉琮上占据着神圣的宝座，在二里头的青铜鼎上没有见到，却终于在二里岗时期出现了。这只晚来一步的鼎，不能作为夏王朝的确切证明，但是，已将夏的存在推近，仿佛就在敲着那个"最早的中国"——夏朝的门。是命运在敲门，却以革命的名义，在这里，我们碰到了革命第一人，那就是汤，也就是《易》曰那位"天地革而四时成，汤武革命，顺乎天而应乎人"里的"汤"。他也许就是杜岭方鼎的主人，他那时所面对的就是"率兽以食人"的桀，当桀还在"食人未咽"时，汤就开始革命了。

对于夏鼎失踪，我们不妨这样来看，亦即禹的开国之鼎被亡国之君桀丢了，而桀的亡国之鼎又被汤革命革掉了。留下的那只三足圆鼎，或为禹鼎之小样和草稿，真正的开国之鼎，只有这一对杜岭方鼎，尤其是杜岭一号，不仅有帝王气象，更有其革命理想。那一身乳丁纹，仿佛向天下宣告：溥天之下，有饭同吃，有乳同享。那是一口怎样的大锅饭！

杜岭方鼎，河南郑州商城出土

　　史前问鼎中原，并非黑陶文化区系对彩陶文化区系的入侵，因为与鼎文化一起进入中原的还有玉文化，玉文化、鼎文化、黑陶文化本来就是三位一体，而在国家起源中居主导地位的玉文化则是"非攻"的，所以，我们可以说这是一次"文化大联合"，不仅是鼎文化与鬲文化的联合，还是黑陶文化与彩陶文化的联合，更是青铜文化与玉文化的联合，正是在这文化大联合的基础上形成了文化中国。文化中国的文化主要还是玉文化，而王朝中国的文化则是青铜文化，二里头文化的青铜鼎，还不是立国之鼎，因为二里头的青铜文化还不具有主导性和主体性，到了二里岗时期，我们就看到了文化转型和国家的到来，如果说二里头和夏家店的青铜圆鼎在形制上还受制于黑陶鼎，那么二里岗时期的杜岭方鼎，从质料到形制，就完全摆脱了黑陶鼎的影响，从三足变为四足，从圆鼎变为方鼎，以青铜文化的主体性地位宣告了王朝中国的来临。

彩陶三立犬带盖方鼎，甘肃酒泉四坝文化遗址出土

在从圆鼎向方鼎的转变中，有了一个耐人寻味的发现，那就是杜岭方鼎的出处，就在四千年前由河西走廊发迹后来深入天山北路与雅利安人狭路相逢的四坝文化。在四坝文化遗址里，出土了彩陶三立犬带盖方鼎，这是无独有偶，还是有所传承呢？如果考虑到彩陶文化多属用鬲文化区，那么我们就会对彩陶鼎而且是方鼎感到惊讶了，如果再考虑到四坝文化（距今三千九百年至三千四百年）不仅是中国青铜时代的引领者还是与雅利安人同化的急先锋，那么我们就更愿意相信此二者之间必有某种联系。彩陶方鼎高27.5厘米、长23厘米、宽21.7厘米，长方形直口，方唇，直壁，四个平底方足，顶盖上有三立犬，四肢直立，器表施红彩，可谓罕见。

04

革命的本义

—— 鼎革之路通往天体运行

杜岭一号方鼎出土时,还发现其腹内置有一鬲。

历史的统一性,就这样以直观的方式摆在我们面前。

两大文化区,难道就以"鼎鬲合一"的方式实现了统一?

器物如此摆放,也许是偶然的,但在神圣的器物上,将东西随便一放,一般来说,很少有这样的情况,除非是动乱临头,大难将至,手足无措的时候。通常,我们还是倾向于这是正常状态下的摆放,甚至,有可能是商代开国大典留下的仪式,因为,那两只鼎在地下并排陈列,颇有庄严感,不像个草率的样子,就那么一立,谁敢小觑?

四足鼎的样式,是商以后才有的,商以前,在用鼎文化区的所有文化类型的陶鼎中都找不到它的原型,这是对陶鼎文化的一次革命,是真正的"鼎革"。同改朝换代一起到来的"鼎革",是"中国"诞生时留下的胎记,还是王朝更替中打下的烙印?如果说"中国"是"革命的产物",那么"革命"就是"中国的宿命","鼎革"也就是"革命的胎记";如果说"中国"是"共和的产物",那么鼎鬲合一、金玉良缘就是"中国的标志"。

比较全面的说法应该是"最早的中国"是"革命"与"共和"交替的产物,就如同中华民国是辛亥革命与南北议和结合的产物一样。从"最早的中国"

到"最末的中国",有一条历史的道路相通,"最末的中国"仿佛是向着"最早的中国"回归。

这一次"革命",告别了尧、舜、禹以来的"共和"时代,开启了夏、商、周以迄于今的"革命"时代。

我们发现,"战争"才是西方历史进程的主题,"为自由而战"成了西方历史发展的动力。相比之下,我们回头来看中国的历史,这才意识到"革命"反倒成了中国历史进程的主题,而且"革命"的目的,也不是"以自由立国",而是"以天道立国",不是通往个人权利的立宪之路,而是通往民本主义的天下大道。当然,我们也可以说"天道"之中包含了对"自由"的追求,但"自由"只是其中的因素之一,没有被突显出来当作国体和个体的首要因素,其基本面,还是在于对自然规律的顺应和回归,追求"自由",也必须是在符合自然规律的前提下,而非人的理性为自然立法。

其实,这样的"革命",倒比较符合阿伦特在《论革命》中"革命的意义"一章所阐明的"革命"的本义。她说,"革命"在拉丁文里,是个起源于天文学的词,被哥白尼用于《天体运行论》,昭示天体在宇宙的运行方式,也就是沿着预定轨道周而复始,循环往复,若在中国,这便是"天道"。如果让那位把《进化论》译成《天演论》的严复来翻译,他会把《天体运行论》翻译成什么呢?在我们看来,他最有可能顺理成章地译成《天道论》,在《天体运行论》亦即《天道论》中的"革命",即使从天文向人文延伸,那也是"行天道"——"天地革而四时成,汤武革命,顺乎天而应乎人",不具有更新和暴力的进化特征,即便改朝换代王权更迭,也会被当作"行天道"所引起的四时变化和五行相生相克。

"天地革而四时成"多少有那么点天文学的味道,虽然在学科的属性上不那么规范,但其"顺天应人"的人文属性则使"革命"具有了天人合一的特征。"革命",当然也要改朝换代,如《周易》"革"与"鼎"二卦所言之"革去故也，鼎取新也"，但这并非"革命"的最高目标和终极追求。"革故鼎新"，恰如《周易》之"变易"，而"变易"追求的目标却是"不易"，即以变化的方式——"变易"，向着恒定的本质、本体、本原——"不易"回归，正如王朝可以作为改朝换代的"变易"，而王道则是所有王朝必须遵循的原则和必然回归的目标，它是作为更高的"天道"的摹本，以天命所归——"革命"的方式呈现。

"改朝换代"并非"革命"的完成，而是"革命"的开始，或为"革命"的初级阶段，高呼"帝王将相宁有种乎"，强调"马上得天下"，都不能算是"革命"。

在中国传统政治文化里，"革命"，成为正当性与合法性的来源，打来打去、杀来杀去的"马上得天下"，虽说是"成王败寇"，但还不具有天命正当性与权力合法性，马上得之，马上治之，还是打来打去、杀来杀去那一套，如此，天下也就永无宁日，所以，汉初陆贾说，要以"诗书治天下"。为什么以"诗书"而不以别的，例如"刑法"之类的？若以"刑法"，在本质上，其实还是打来打去、杀来杀去的暴力的延伸，还是以杀止杀、以暴易暴的强权的翻版。而用"诗书"就不同了，这还不是通常所说的那种"一张一弛""文武之道"的文治与武功的不同，而是以"诗书"作为古典世界的标志，回到古典世界的"革命"行动，因为"诗书"之中，早已充满了革命的精神，时不时就会露出"天命"的鞭影。

05

文明缓冲带

—— 天山峡谷的文明雅量

青铜时代向东，向东，再向东，终于同中国相逢。

青铜文化的到来，有一条通道起了决定性的作用。

那通道，就是天山峡谷。天山，是在欧亚大陆中部地壳隆起形成的大褶皱，这条东西向大褶皱，长达2500多公里，分布在四个国家：东段在中国境内，长约1700公里；西段位于中亚地区，长约800公里，分别属于哈萨克斯坦、吉尔吉斯斯坦、乌兹别克斯坦三个国家。由南、北、中三条山脊，构成大致平行的纬向山系，山体宽度，均在250~350公里，最宽处，可达800公里，这样的环境，可造就一个文明的摇篮地。

现在看来，它们不过是被沙漠簇拥着的群山，可是在大暖期，那些沙漠可都是草原和绿洲。有一条灵性飞扬的彩陶之路从这里通过，串联着东亚和西亚，伸向仰韶文化的"诗与远方"。大暖期的绿色浪漫，持续了一两千年。仰韶文化的先民带着他们的彩陶，在这条绿茵之路上往来，不知他们往西去究竟能走多远，他们在东土，已将中国的两河流域覆盖了，往西能否进入西亚两河流域，留下文明的足迹呢？总之，那些不愁吃喝的开心日子，都反映在彩陶的形制、图案和符号上了。东西方的历史上，都提到过人类曾经有过一个黄金时代，除去那些寒流带来的艰难岁月，剩下的便是大暖期留下的美好日子，那些日子，也许就是人类历史传说中的黄金时代，其灵性与梦想的自由自在令后人一再缅怀。

到了青铜时代，那些天然的好日子都已过去，文明褪去了初曙时的梦幻。为了生存，艺术让位于技术，灵性让位于理性，从"人为万物之灵"向"人的理性为自然立法"转型，于是，来自两河流域的青铜时代，沿着冰川雪原覆盖的天山峡谷走来。

可青铜之路并非彩陶之路，若谓彩陶之路是一条可以自由迁徙随处安居的通途，那么青铜之路就是一条国有国法家有家规的路，是一条王权走向世界的路。

青铜时代从西亚两河流域发端，那两河流域，自然也就成了世界中心。此时，中国正处于玉器时代，以玉石之路为依托，形成了一个以良渚化为标志的玉文化的世界，这世界的中心，不在玉石之路的起点，也不在往西北去的终端，有可能还没进入天山峡谷，就遭遇了青铜时代，于是，玉器时代停止了文明的脚步，向后转，回到中原。中原，号称"中华"，"华"就是花，最早的中国——仰韶文化的庙底沟类型，就是个花花世界。

良渚玉文化追随着仰韶彩陶文化的踪迹，回到中原以后，往西北去的良渚玉文化又带来了青铜文化。带了玉琮过去，带了青铜刀回来，带了猪狗鸡过去，带了马牛羊回来，带了文化认同的良渚化世界过去，连同个权力认同的王权国家一起回来，一个土生土长的玉文化的越禹过去，变成了西化的青铜文化的戎禹归来。这样一来，青铜文化在中国完成，反倒形成了一个更加完备的世界体系，中国成了青铜文化的集大成者。

青铜时代，从它的兴起到世界体系的形成，有这样一种说法，大致如下：约五千年前，青铜文化的浪潮兴起于西亚，泛滥至北非、中亚；约四千年前，青铜文化经由中亚游牧文化波及东亚；约三千年前，青铜文化向东向西，分别发展，遍及整个欧亚。

青铜文化向东进入中国，同另一个来源的文明体系进行对话，与世界的另一部分结合了；向西进入古希腊，使青铜文化本身，开始了革命性转化。青铜文化之于古希腊，出现了一种否定的精神，否定了王权国家，以此开启了城邦民主制的政治文明。

而青铜文化之于中国，则是青铜时代王朝化的世界体系的完成。

青铜文化从西亚来到东亚，东西方两种文明就融合了，结果便是——

西化的小麦，加上本土的稻、粟、黍、豆，就五谷丰登了；本土猪、狗、鸡加上西化牛、马、羊，就六畜兴旺了；玉器时代碰到了青铜时代，就"金声玉振"，两个时代的力发生共振，就"金玉良缘"，结合产生了"国之大事，在祀与戎"的立国之本了。

而最早见证青铜时代到来和世界体系形成的，就是那条连接东西方文明的山谷——天山峡谷。与新疆境内其他两个通道型山系阿尔泰山、昆仑山相比，它更有水草保障，其中多盆地和谷地，不同的文明在这里可以小憩，还能生息，更何况山高地阔，容得下异质的文明在此冲突与融合。天山南北，有多少文明从此经过，在此传播，到此融合？

最早来到这里栖居繁衍，有据可查的，不是炎黄之族，亦非尧舜先民，他们不在文化中国的传统中，而是来源于印欧语系的种族。林梅村在《丝绸之路考古十五讲》之第二讲"吐火罗人的起源与迁徙"中，将他们称作"中国西部古民族——吐火罗人"。

能将吐火罗人称作"中国西部古民族"吗？这样的称呼，显然有点欠考虑。可以肯定的是，吐火罗人不是彩陶时代就扎根于此的先人，而是从青铜时代才到来的移民。说古希腊语的民族称他们"吐火罗"，说汉语的民族称他们"大月氏"。他们最初出现在阿尔泰山与天山之间的克尔木齐。发现的种种遗址和遗迹表明，他们来自黑海、里海之间的"雅利安摇篮地"，属于雅利安人向东发展的一支，在河西走廊同中国相遇。

按照林梅村的说法，公元前 1500 年左右，欧亚大陆正面临着雅利安人迁徙的大浪潮，他们驾马御车，从中亚草原南下，进入美索不达米亚，建立了第一个雅利安人的王权国家——米坦尼王国。此后，雅利安人又一浪接一浪，分批南下，用马拉战车的风暴，席卷了西亚两河流域，占据伊朗高原，先后建立了米底和波斯两个王朝。另一支雅利安人，则深入印度河流域，掀起雅利安文明的浪潮，将印度古文明摧毁了。由此看来，雅利安人不仅是青铜时代的二传手，更是文明古国的杀手，四大古文明中，唯有中国能幸免。

而这要归功于正在兴起的羌人集团，活动于甘青地区的羌人，他们不仅管控着河西走廊，而且势力范围也深入天山峡谷，枢纽着青铜之路的来路与玉石之路的终端。东部有齐家文化，曾是良渚化世界的一部分，西面有四坝文化，狙击雅利安人，战力尤为强大，居然挡住了他们的马拉战车，还向西扩张到新疆哈密盆地，形成"天山北路文化"。

在这波迁徙的浪潮中，雅利安人分期分批到来，也难免"文明后浪推前浪，前浪倒在沙滩上"，早已落脚在阿尔泰山和天山之间的"克尔木齐文化"，也遭受了新来的雅利安人的冲击，被一波波血与火的浪潮，冲到天山以南塔里木盆地去了。克尔木齐人随之也在天山南北同羌人集团融合了，文化融合的一个明显成果，就是最早出现于古埃及和古巴比伦地区后来又成为雅利安人权力标志物的权杖头，在四坝文化中出现了。不仅出现了青铜权杖头，还出现了玉制权杖头，在文明的融合中一开始就定下了中西合璧的调。

文化融合，形成了文明冲突的缓冲地带，一个新的世界体系，就在天山南北展开。多样化的地理格局，为不同的小国寡民的政治文明，提供了多种生态背景。

此地，宜农宜牧，农有绿洲，牧有草原，能行能居，行有行国，居有城国，有贸易往来，还有文化传播，更有不同的宗教信仰在这里和平共处，都有安顿之所。

我们来看世界几大宗教，基督教、犹太教、伊斯兰教，这三个宗教，在它们起源的地方打得不可开交，打了几千年，宗教战争至今未断，可到了天山南北，便各做各的祈祷，把那青铜时代的杀气收敛了，将那文明冲突的锐角打磨平。印度教和佛教也是如此，在本土水火不容，到了中国的西域，血与火的气质都变得如丝如玉了，青铜时代遇到了玉器时代，也舍不得将那玉器时代都打碎，宁愿接受礼玉文化的打磨变得温润起来。

在中亚草原上崛起的雅利安人，发动迁徙的浪潮，一轮接一轮，一浪又一浪。他们往西去，向东来，还有南下的，都是靠着马拉战车，东冲西突，南征北战，击倒了一个个文明古国，重创了西亚、南亚和北非等文明发祥地。唯独向东发展的一支，在进入天山南北以后，就在绿洲和草原之间，建立起自己的安乐窝，从军国主义的雅利安，变成了重商主义的吐火罗，享受着东西方贸易往来和文化传播的成果。

兽面纹镶嵌绿松石铜牌饰，长 16.5 厘米，河南偃师二里头遗址出土，中国社会科学院考古研究所藏

良渚玉文化，以扇形向西北、西南迁徙，形成了良渚化世界，本节仅择其与中国国家起源有关的"从东南往西北"一线加以论述，在此一线，适遇青铜文化东来，金声玉振，交响于中原大地，金玉良缘，我们还看到了偃师二里头玉文化为主导的铜镶玉牌饰，以及金文化为主体并接受玉纹饰为体制化的杜岭方鼎。杜岭方鼎上面的饕餮纹，几乎就是良渚玉琮神徽的抽象与简化，以此为定式，良渚化世界走向青铜时代。

到了河南偃师二里头文化，青铜工艺趋于发达，这里有大型青铜作坊，目前，挖掘出两百多件青铜器，其中，有四块铜镶玉牌饰，真可谓"金玉良缘"，表明金玉两种文化开始一体化，青铜器从形制到纹饰基本上都来自玉文化，金玉共振，敲响了王朝中国的大门。

七角星纹镜,直径8.9厘米,厚0.3厘米,1977年在青海贵南尕马台出土

彩陶双大耳罐,青海大通上孙家寨遗址出土,齐家文化

天山走廊是一个文明缓冲带,所有汹涌而来的文明潮流,到了此地,都要缓下来,山高,高到一切文明都要仰视,路长,长到所有文明都难以冲刺。青铜文明的杀手雅利安人,在刺杀了三大文明古国后,又进入了天山走廊。他们在此,再而衰,三而竭,停下了脚步,遭遇了向西而来的四坝人。一番文明的冲突与融合之后,青铜文化的接力棒,传到了齐家人手上,齐家人从河西走廊出发,步入中原,带来了夏——一个新的国家观念。

阿卡德青铜头像　　　　　　　　　　　金柄青铜短剑

　　青铜头像，据说是阿卡德君王，距今四千多年了，还令人着迷。而那把金柄青铜短剑，则属于古埃及新王国时期，第十八至第二十王朝，约公元前1550—前1069年，距今也有三千多年。剑长35厘米，宽4.5厘米，厚1.2厘米，剑锋狭长，剑尖锋利，剑身由三片金箔包裹，剑柄两端均以金线镶嵌，应该是王者所佩之剑。

铜斧，长 24.8 厘米，宽 8.3 厘米，厚 0.4 厘米，埃及第一中间期末期或中王国早期，约公元前 2100—前 2000 年

新月形铜斧，长 61.5 厘米，宽 7 厘米，厚 2.5 厘米，埃及中王国时期，第十三王朝，约公元前 1795—前 1650 年

铜斧，长 10.6 厘米，宽 9.5 厘米，埃及古王国时期到中王国时期，第六王朝至第十二王朝，约公元前 2200—前 2040 年

古埃及中王国时期第十三王朝的新月形铜斧，长 61.5 厘米，距今约三千八百年；另外两件铜斧距今都有四千多年。以上青铜器，见证了作为文明古国的古巴比伦和古埃及成熟的青铜文明风采，而中国齐家文化的青铜刀，相比之下，则带有初萌状态，应该是王朝中国启蒙时代的产物。

人面柄首铜匕，长 14.3 厘米，宽 2.2 厘米，甘肃定西出土，辛店文化时期，甘肃省博物馆藏

青铜匕首，长 26.23 厘米，宽 4.8 厘米，厚 1.2 厘米，约第十二王朝至第十八王朝，约公元前 2040—前 1300 年

  最早的匕，是一种食器，其功用是拨取食物，不论饭食还是肉食，均需用匕。原始之匕，用木片或兽骨刮磨而成，齐家人率先用青铜匕。青铜匕，兼有匙与刀的功能，后来分化，一变为短刀，即所谓"匕首"，一加长柄部，变为勺子，在考古发现中，常与鼎、鬲同在。匕从食器向兵器转变，是从青铜匕开始的，从掌握分配食物的权力，即"民以食为天"，向着"刀把子里面出政权"转变，不过，此匕似乎尚未完成这一转变，也许它开过刀刃，有着切割的功能，但刀尖未成，杀气难出，看来还是匙刀并用、以匙为主的食器。如果说青铜鼎在国家观念里代表了大锅饭，那么青铜匕则代表了分配大锅饭的权力，饰以人面，则表示那位掌握分配权力的人，他面相仁慈，笑容可掬，看上去不像个王者，倒像个主管食堂的大师傅，同那位标准的阿卡德国王头像相形见"稚"。

青铜的国度

—— 革命是青铜时代到来的标志

在中国，青铜时代的到来，是一个渐进的过程，经历了漫长岁月。

从马家窑文化出土的那把青铜刀开始，中国的青铜时代就已萌芽。

从马家窑文化到二里岗文化，从青铜刀到开国鼎，相距千余年，其间，兴起了齐家文化、石峁文化、陶寺文化，还有二里头文化，都属于大龙山文化时期。

大龙山文化，是以"文化大联合"为基础，以文化认同为导向，以"合众国为一国"的大一统方式所形成的国家——文化中国，占主导地位的，还是玉文化。

青铜文化进入时，既有文明的冲突，也有一个在同玉文化的融合中逐步成长和逐渐取代的过程，最能表明这一点的，是青铜文化对"礼玉"制度的继承和发扬。

从商朝的青铜器上，能看到良渚文化的影响，其形制与纹饰，都保留了玉文化的款式。当青铜文化能集中反映"礼玉"制度的要求时，中国的青铜时代就到来了。但青铜时代的到来，并非玉文化的终结，而是玉文化向青铜文化让渡了国家制度的功利性这一实用层面，尤其是作为先进技术的代表，表现国家综合实力的那一面。也就是说，将"国之大事，在祀与戎"那一面让青铜文化承担了。玉文化的影响，主要保留在国家观念中，依然具有神圣性，作为政治人格的范式，在较为纯粹的精神层面，表达古代国家本质的要求。二里头文化的意义，就在于它开启了中国的青铜时代，开始了从文化中国向王朝中国的转型。

这一转，就开创了中国历史的新局面，从"文化大联合"的"合众国为一国"里，从玉石之路的良渚化世界里，转出个如傅斯年所说的"夷夏东西"的新世界。

那时，玉石之路依然从东南往西北去，但其所到之处，似以昆仑为终点，并未像先前的彩陶之路以及后来的丝绸之路那样贯通欧亚大陆。而与之同时，则有青铜文化从西亚进入东土，连接欧亚大陆，形成了上古时期一个西化的世界体系——青铜之路。

这条青铜之路，经由中亚地区，越过世界屋脊后，便与玉石之路对接了，在玉石之路止步的地方，青铜之路延伸过来了。在良渚化世界的尽头，文化中国接受了西方文明的一个大包裹，那是青铜时代到来的通往"西化"的文明体系：青铜、小麦、牛、马、羊。

小麦代表农业，有了小麦，中国就"五谷丰登"了；牛、马、羊代表畜牧业，有了牛、马、羊，中国从此"六畜兴旺"；而青铜则代表了一种新型的王权，那是类似于西亚王朝国家对外走向帝国主义，对内走向世袭制度的王权。以此王权而产生的国家，外需扩张，内求专制，有了这样的王权国家，中国的国家性质就从玉的属性转向青铜属性，开始打天下了。

新兴的王权，也就是那个代表了青铜时代的王权，在中国，就叫作"夏"。从"夏"开始，中国就从合众国的以禅让的方式表现的尚贤制走向了家天下的世袭制。

但"夏"的王朝语式，其时态，并非一个完成时，而是正在进行时。也就是说，"夏"还不是一个已经形成的王朝，而是正在形成中的王朝，这就意味着，我们如果像寻找殷墟那样去寻找夏墟，很可能永无了局，因为呈现在我们面前的只是"夷夏东西"。

青铜能打天下，却不具有正当性，而王朝中国的确立，虽然出自暴力，但亦必须以正当性为依据。在"夷夏东西"的格局里，"夏"，代表了王权的国家观念和王朝的国家样式，但"夏"还没找到一代王朝所必需的正当性的根据，正当性的来源还在"夷"的手里，那就是曾经推动"文化大联合"，实现"合众国为一国"，以审美达成的文化认同。

文化认同是必需的，但纯以审美达成则不必，因为时代变了，文化也要转型，对正当性的审美的追求，仅适用于玉器时代，却不宜于青铜时代。由青铜时代开显的金属性的功利气质，最能表现国家幽暗处的本质——暴力，但国家还要有光明正大的一面，以显示其正当性。这一面，在基于文化认同的"合众国"里，早就由礼玉化的审美气质来表现了。青铜文化要在由不同类型的龙山文化串联起来的良渚化世界里占据主导地位，就必须与以玉立国的礼玉文化同化，使礼玉化的政治文明为它开启暴力美学的属性。这样我们就能理解中国青铜器上那独有的狞厉之美，这是两个时代的政治文明结合——金玉良缘的成果。

但是，要体现国家的正当性，光有狞厉之美不够，对暴力的美化，使之具有亲民性，这当然是必要的，但还不是最重要的。最重要的是，要使暴力具有神圣性，使之不光能亲民，更要能治民。而神圣性的实现，不是说来就来，想要就有的，它要等待一个历史的契机。在中国，这一契机就是"革命"，以"革命"取代"审美"，为青铜立国提供正当性来源。然而，"革命"要有个前提，那前提便是天命，首先要有天命存在，"革命"才革得起来，更何况国家神圣也要有个来源，天命就成了古代国家的开端。所以，"革命"就是上应天命，就得像"汤武革命，顺乎天而应乎人"，如同阿伦特所说的"革命的本义"。

古代国家从天命开端,"革命"理所当然就成了古代国家正当性的来源。"革命"之中,已然含有狞厉之美,这是玉器时代"审美的国度"向青铜时代"革命的国度"的过渡。由"革命"所赋予的神圣性,使得狞厉之美向崇高感升华,在追求美和表达神圣性方面,中国特色的青铜文化几乎能满足礼玉政治文明的所有需要,达到国体化的全部指标。

青铜短刀，甘肃东乡族自治县林家村马家窑文化遗址出土

甘肃东乡族自治县林家村马家窑文化遗址出土的青铜短刀，是迄今所知的我国最早的青铜器。这件孤零零的青铜刀，的确是青铜刀，其体含锡量为6%~10%，用两块陶范闭合浇注而成，据碳-14测定，距今约五千年。马厂文化类型也有青铜刀发现，形制与这件相比有所改进，但有观点认为，原料有可能出于铜锡共生的矿藏冶炼，不是工艺技术合成的，没有开矿、冶炼遗址，也就不排除传来的可能性。直到齐家文化时期，青铜种类渐多，但未见青铜容器，有青铜镜和青铜刀。康乐县苏集乡塔关村出土的齐家文化青铜短刀，造型与工艺有所进步，显而易见。齐家文化之后，在甘肃地区兴起几支地域性文化，都出现了齐家文化类型的青铜器，诸如广河县属辛店文化的人面柄首匕，柄首为浮雕人面像，双眼圆睁，鼻梁高直，嘴唇微凸，惊讶好奇充满神秘的表情很像四千年前中亚西亚一带出现的人面雕像。

最早的青铜器与青铜制造业兴起于美索不达米亚平原，以此为核心形成青铜文化或青铜时代，向四维扩散、传播。向古埃及尼罗河流域，经由克里特岛，登陆希腊及地中海其他地区。另一路则向东，向东，再向东，终于到了中国，传到甘肃一带，与东亚玉文化碰撞。因此，从仰韶文化到齐家文化一带，都出现了中国最早的青铜器，若没有发现作坊和采矿遗址，基本可以断定是传播过来的，即便有本土自生的可能性，几件器物本身，还不能说明或代表一个时代的文化特征，也就是还未形成像后来商朝商帝国那样的青铜文化和青铜时代。

青铜镶嵌绿松石兽面纹牌饰,河南偃师二里头遗址出土

　　青铜镶嵌绿松石兽面纹牌饰长 14.2 厘米,宽 9.8 厘米,为衣物装饰品,绿松石小片粘贴镶嵌成兽面纹,良渚文化玉器纹饰神面徽在二里头遭遇了将要取而代之的青铜器。简化之后凸显的圆目,在青铜器上与在玉器上的文化暗示已经不同了,在"金玉良缘"中,它张扬一种狞厉之美。这便是青铜文化对"礼玉"制度的继承和发扬的过渡期,而杜岭方鼎上的兽面纹与良渚文化广泛的神徽像,继承关系非常清晰。

苏美尔青铜长矛，长31英寸，据说是仪式上使用的，距今四千五百多年。从矛头柄的四个圆孔来看，显然工匠解决了固定矛柄的问题

苏美尔石碗，距今约六千年，碗外壁上雕刻着列队行走的羊群

乌鲁克出土的大理石雕圆筒印章，距今五千多年，为苏美尔最美丽的物品之一，上面雕刻了长胡子的统治者用花枝喂羊的情形

距今七千至五千年，两河流域首先产生了先进的苏美尔文明。这里有文字、城市、贸易、青铜制造、农业和畜牧业等。其中，青铜、牛、马、羊，还有小麦、大麦东传到中国甘肃一带。

07

夏是西化派

—— 文化大联合终止于青铜时代

青铜时代，撕裂了良渚化世界里的那个"文化大联合"的联合体。

联合体分裂为"夷"和"夏"，开始了文化中国向王朝中国的转化。

"夷"是"本土派"，属于从东南往西北开辟良渚化世界的那一脉，他们是捍卫玉器时代、守望天下观的一群。天下观第一要义，就是自由迁徙，当年那些"夷"，沿着玉石之路从东南往西北去，过了一个时期的自由迁徙的好日子，而国家观念中，首先要限制的就是自由迁徙，自从天下变成了一个个国家，国与国之间，自由迁徙就终结了。

夷人越往西北去，道路就越艰难，不光是山高路险的自然险阻，更有新型的国家观念带来的政治隔离和文化屏障。他们到达了齐家文化，就很难再往前去，原来，仰韶文化时期曾经敞开的可以自由迁徙的彩陶之路如今已是不通了，横亘在他们面前的，是一个个拥有地域、划分边界、宣示主权的"国家"。两个不同的时代和两种不同的文化，在此不期而遇，温润的青白玉碰到了冷酷的青铜器，来自青铜的剑影刀光，砸碎了玉的温情与梦想，终结了玉器时代的"诗与远方"，接踵而来的，便是那个全球一体化的青铜世界了。

青铜时代世界体系的形成，不同于彩陶时代。彩陶时代的世界，是自由迁徙带来的文明成果，而青铜时代形成的世界体系，则是王朝国家历史发展的产物，放到世界历史的维度上来看，我们可以从东西方四大文明古国的成败兴衰，来认识那个时代。

青铜时代，兴起于美索不达米亚平原，继之以埃及尼罗河流域，经由克里特岛，登陆希腊及地中海其他地区。另一路则向东，向东，再向东，终于到了中国。中国作为文明古国，能赶上青铜时代的末班车，没有被世界历史的进程落下，这应该归功于从龙山文化里成长起来的"夏"。相比于恪守本土传统的"夷"，"夏"是开放的"西化派"。

"夷夏东西"那情形，其实，有点像中国近代化的样子。那些拿着青铜刀剑，从西方来的人，便是古代所谓"戎人"，而操控着船炮，从西方越洋而来的人，则是近代以来的"洋人"，他们都带来了新的兵器和新型的国家观念，同样，中国都要应战。"戎人"带来了世袭制的王权国家，"洋人"带来了民族主权国家。不同的是，"洋人"有明显的种族与民族特性，而"戎人"并非对哪个种族或民族特征的确认，而是文化上的区分。

作为"西化派"，夏在"戎人国家观"和"夷人天下观"之间两手抓，一手抓跟着青铜时代西来的王朝国家，一手抓基于文化认同的本土天下，这样就抓出了一个代表人物——"文命戎禹"。"文命"，当然还是那个文化中国的"命"，不过，这"命"要从国家观退到天下观去了。在国家观里，"文命"要改为"王命"，"王命"是青铜带来的。

戎人得风气先，用青铜刀剑来确立"王权"，表达"王命"，以至于"戎事"都成了战争的代名词，而"戎人"则是好战的一群，被称为"战士"。所谓"戎禹"，并非专指禹生戎地，或为戎人，而是强调了中原禹的戎化，以旧"文命"承载新"王命"。这也就是后世所谓"国之大事，在祀与戎"的来源了，其源头，就在"文命戎禹"那里。原来"戎禹"两手抓，抓的就是"祀与戎"，"祀"是立足于本土的由"夷人"主导的礼玉化的政治文明，而"戎"

则表达了青铜气质的新权威主义,类似于后来所说的"马上得天下"。

中国传统政治文化,号称"治国平天下",但"治国",不是它的强项、它的优长,正如赵汀阳在《天下体系——世界制度哲学导论》一书中所说的那样,是有一个"天下体系"来"平天下"。一种国家制度,用了三千年还不知变通,不断改朝换代,在历史的废墟上修补老例,就如同一件文明的百衲衣,新千年,旧千年,缝缝补补又千年。好在殷周时期,有过"汤武革命",表达了中国礼玉政治文明对青铜时代到来的反应:以人民价值论和圣人革命观为王权国家确立权力的正当性,用天下观为中国的历史开了个好头。

此后,直至中国近现代革命,中间经历了二十多个朝代,国家还是老样子,从制度到观念都没什么改变,以至于黑格尔在《历史哲学》里谈到中国历史,都说是静态的,不用"发展"二字。我们知道,黑格尔是把国家当作"绝对理念"显现的,但他不知道,中国历史除了国家观念,另外还有个天下观。在国家观里不"发展",还可以从天下观里"发展",在国家观里搞王权主义,还可以从天下观里搞民本主义。于是,我们在近代重新目睹了基于文化认同的来自天下观的革命,孙中山最响亮的革命口号就是"天下为公"。当西方人认为,中国只能像日本明治维新那样搞君主立宪时,中国却彻底废除帝制,实现了人民共和国,这是多么大的飞跃!如果黑格尔能有见于此,他还会说"中国历史不发展"吗?

从史前到近代,这一头一尾的两次革命,决定了中国历史发展的基本面。国体问题以"平天下"的方式通过革命解决了,但文化问题又在中西比较中凸显出来。

中国知识界对此做出了多种回应,具有代表性的有两种:一是由近代张之洞提出的"中体西用"说,另一则是由现代李泽厚提出的"西体中用"说。如果我们去咨询一下史前那位"西化派"的代表,也许那位"文命戎禹"

会这么说：在国家观上不妨"西体中用"，在天下观里就应该"中体西用"，这两点，各行其是，或许是世界历史的方向。

玉石之路往西去，青铜世界向东来。
虽以玉体立天下，何妨铜用把国开。

红陶人头像，高 12.5 厘米，甘肃陇南礼县高寺头遗址出土，齐家文化

　　四千多年前的齐家人，他们是夏人，西化派的夏人，但他们的玉器仍带有良渚文化孕育的东夷人的气质。夏来自齐家文化，是良渚文化的"诗与远方"，那条玉石之路，向西，进入河西走廊，到齐家文化，便戛然而止了。良渚文化与齐家文化这南北两支玉文化之间，其中的联系，正文已反复考证论述了。与齐家文化约略同时的四坝文化，遗址中，未有玉器出土，可见其未受良渚文化的影响，故其发展，也与齐家文化不同，一路向西，进入天山北路，而齐家文化，则反其道而行之，一路向东，反哺中原，成为中国青铜时代的先锋——夏。

白玉璧，外径8.8厘米，孔径一面为2.7厘米，另一面为2.4厘米，
厚0.9厘米，甘肃武威皇娘娘台出土，齐家文化

青玉璧，外径9.1厘米，孔径3.5厘米，甘肃广河齐家坪出土，
齐家文化

广河齐家坪出土的齐家文化玉璧，这个遗址里还有不少青铜器和青铜作坊遗址，呈现了青铜与玉器碰撞的时态。

08

越禹和戎禹

—— 茫茫禹迹留下中国之谶

在一部《史记》里，同时出现了两个禹，一个是越禹，一个是戎禹。

禹在越，称越禹，在戎，称戎禹；越禹"葬于会稽"，戎禹"兴于西羌"。

当然，应该还会有齐禹、鲁禹、吴禹、楚禹、蜀禹什么的，因为"茫茫禹迹，画为九州"，若以"禹迹"名禹，禹应遍地开花矣！然而，毕竟历史有个运势，历史人物要承载这个运势，越禹和戎禹的名称，就反映了由太史公指出的那个"从东南往西北"的运势。

禹，自始至终，不但是这运势的开启者，还是这运势的收成者。中国大运势，当其从东南开启时，就称越禹；运势到西北收成，便是戎禹。说禹，要从这运势说起。

说越禹，有"会稽"做根据地，说戎禹，也有出土文物可以考据。

比如，1919年出土于甘肃天水的"秦公簋"，其铭文之中，就有"幂宅禹迹"一说。1978年陕西宝鸡太公庙出土的秦公钟、秦公镈上，铭文亦有"赏宅受国"字样。

这些，都属于春秋早期秦国器物，说秦受封地于周，定居于"禹迹"。

秦本戎地，而称"禹迹"，可见秦自命为戎禹之属。因当时有"秦、楚、吴、越，夷狄也"的说法，那说法，当然是以中原为中国，以及由周人封建制的界定所做的界说。故秦以"禹迹",破了周人的界说,否认了秦的夷狄身份。从根本上说,秦人同禹的关系密切,秦的先祖伯益,曾助禹治水,受禹禅让,获舜赐姓而为嬴氏。禹死后,禹子启不接受禅让,自命为天子,或曰"益干启位,启杀之",或曰伯益放弃禅让,让位于启。不管怎么说,有一点可以肯定,那就是黄河流域的政治共同体解体,从此开始了夷夏相争。

在夷夏相争的格局里,秦人像太史公指出的那样,也走了一条"从东南往西北"的路线。先是起于山东东夷之地,后迁至西北与戎杂处,再后来就有了秦居雍州,争霸中国,兼并天下,也被太史公当作一个"从东南往西北"的范例。不过,秦人究竟是被迫迁徙戎地,还是主动追随"禹迹"呢?我们认为,应该是兼而有之吧!人在危机中,在苦难时,才会想起"从哪儿来,往何处去"这样的问题。这样一问,就问到祖先那里,当然是从祖先那里来,还得跟着祖先走过的道路去。所以,秦人像他们的先祖伯益那样追随"禹迹"。

在这里,"禹迹"不光是地域,是道路,还是运势。历史已经证明,秦人选择了一条好的发展道路,他们沿着"从东南往西北"的"禹迹"前进,结果成功了。

可秦人并非追随"禹迹"的先驱,比秦人更早的还有周,应该说,首先是周人的成功,证明了"禹迹"的历史作用。为什么这样说呢?我们来看一下"汤武革命"中那"武"的革命。我们都知道,关于那场革命,《尚书》有过记载,其中《牧誓》一篇,就是圣人革命的宣言,宣告了"牧野之战"。通常,人们都认为,武王伐纣是一战成功,其实不然。周人"翦商",从古公亶父算起,历经四代,直到武王才告成功。"翦商"的关键,也还是顺应了"从东南往西北"那个运势,其间转折,在于太伯奔吴,率先"起事于东南",最后才是牧野之战,由武王"收功实于西北"。在这场圣人革命中,文王子孙只讲后半段,讲文武周公,不讲前半段,将"翦商"的英雄说成了让位贤者,排除在圣人革命之外。尽管如此,还是没有逃过太史公法眼,虽未说破,却暗示了那个"禹迹"——"从东南往西北"的运势。

这就是为什么周人要以夏自居了!周人不光追随"禹迹"取代殷商,还发扬"禹迹",将"茫茫禹迹"发展为封建制的天下。禹,是周人发扬起来的,周之前,殷克夏,禹被埋没了,何来"禹迹"!卜辞所言"夏戉",是指夏的来历以及标志王权的斧子,而非"古之圣王之事"的"禹迹"。可是,殷人的进展,还是沿着那条运势线,观其迁都,便是从南亳向北亳和西亳发展,发展的方向依然。周人克殷,弘扬"禹迹",势所必然。

能于兴亡之际,变迁之中,发现一以贯之的不变,舍太史公其谁也!"从东南往西北"那一线有个中原,就在那一线的中端,孰能"执其两端而用其中"耶?

若谓三代之事,离太史公尚远,那么秦汉之事,对于太史公而言,当作近世观。尤其楚汉相争,汉高祖刘邦的成功,明显应验了那句"起事于东南,而收功实于西北"的"中国之谶"。楚霸王项羽也曾"起事于东南",而且他也到了西北,但他却不愿在西北待下去,赶着回东南衣锦还乡,把"收功实于西北"的机会留给了汉高祖刘邦。

那句"中国之谶",放在太史公那时说出来,还只是他对历史经验的总结,可从此以后,这句话就有了预言的性质,对于历史的进程具有指导意义。以此来看一代王朝,若要成长为一个大帝国,就必须从中原再往西北去,像汉唐那样通西域;若要巩固政权,则须扎根东南,通过运河抓住东南根本,隋唐大运河"由西北而东南"就是如此。唐以后,西北难以进取,帝王风水便向运河转移，出现了顾炎武在《天下郡国利病书》中说的天下大势从运河南下——"由西北而东南"，贯通长江——"由东南而西南"的趋势。

遂公盨，高11.8厘米，口径24.8厘米，重2.5千克，
2002年北京保利公司从境外文物市场购回

　　新文化运动中，兴起疑古思潮，以顾颉刚为代表。他认为王朝中国史"造假"，对"尧舜禹禅让"也颇为起疑。以为是墨子为了"尚贤"的政治理想而编造出来的，这一立论，与日本学者白鸟库吉一路，走向"尧舜禹抹杀论"，甚至他断定"禹是一条虫"。顾颉刚此说一出，即遭太炎先生驳斥，斥其拾日本人的牙慧，动摇国本。太炎门下弟子，对此，也多嗤之，反传统如鲁迅者，在小说《理水》里，反复嘲弄，尽情揶揄。鲁迅以拆字法说，如果"禹是一条虫"，"顾"姓小篆为𩅦，为"鸟"的象形，顺着拆字的逻辑，便可拆出"顾是一只鸟"，所以鲁迅先生很幽默地称顾颉刚为"鸟头先生"，以致差点以游戏笔墨引起一场法律官司。鲁迅的《理水》，写的就是大禹治水，能治水，当然就不是一条虫，而是一个人，一个埋头苦干的人，一个为民请命的人，是鲁迅所谓的"民族的脊梁"，而有关大禹治水的最早记录就出现在这件盨上。

遂公盨铭文拓片

  盨，是礼器，祭祀时，用来盛黍稷，这件盨的主人是遂公。遂公是西周时期遂国的君主，遂国是靠近鲁国的一个属国，而鲁国则是周公的封国，因此遂公与经常梦见周公的孔子是老乡。遂公盨，盨盖已失，现藏于北京保利艺术博物馆，内底铭文10行98个字，是中国目前所知最早的关于禹的信物，铭文言及大禹治水及禹为政以德的内容，约铭于三千年前。

秦公簋，高 19.8 厘米，足径 19.5 厘米，口径 18.5 厘米，春秋中后期制，甘肃天水出土，盛食器，现藏于中国国家博物馆。盖上铭文 54 个字，器体 51 个字，字体与石鼓文相近

关于禹的第二件信物，便是秦公簋了，此簋出土于天水盐官镇，而天水，就是古秦州，系秦先祖发祥地，簋之作者，有说是开国国君秦襄公，或说为春秋时期的秦景公，但观其铭文，有"秦公曰：不（丕）显（朕）皇且（祖），受天命，鼏（冪）宅禹责（迹），十又二公……"一说，历数"十又二公"，故当以景公言之。铭文提到，秦居夏土，步趋禹迹，看来，禹还真不是像顾颉刚所言的那样，由秦汉以后的人"层累"编造成的。这两件信物，一件是西周的，一件是东周的，都铭有禹的鼎鼎大名，最起码，向我们证明了一点，那就是，无论西周人，还是东周人，都不认为"禹是一条虫"，

铭文记载，秦国建都，秦景公承继其祖先之功德，抚育万民

顾氏疑古，在禹这里，碰了一个结结实实的钉子，以至于后来李学勤旗帜鲜明地提出"走出疑古时代"，便显得底气十足，但李学勤也没能从传统的王朝中国史观里走出来。对于二十五史里的王朝"疑古"还是必须的，但不能因此否认了文化中国的存在。顾颉刚不分两个中国，当他证伪了王朝中国中的赝品时，随之也否定了文化中国的底蕴。同样，李学勤也不知有两个中国，他把信古安放在王朝中国的头上，一味信之，就更不靠谱了。而我们则既不走向疑古时代，也不走出疑古时代，而是坚持"文化中国"与"王朝中国"的立场，既疑王朝中国教化之伪，更信文化中国底蕴之真。

垂鳞纹秦公铜鼎及铭文，甘肃陇南礼县大堡子山出土，春秋早期制，甘肃省博物馆藏

还有一件垂鳞纹秦公铜鼎，春秋早期制，出土于甘肃礼县大堡子山，高41厘米，口径40厘米。器腹内壁有铭文：秦公作铸用鼎。礼县大堡子山是秦文化的发祥地之一，该山西垂陵地据说是秦庄公或秦襄公或秦文公之墓。无论是哪一"公"，皆可证秦起于"戎禹"之裔。

09

禹兴于西羌

—— 接取青铜时代的文明包裹

中国古史里，一再声称"禹兴于西羌"，这是为何？

历史上，还没人从青铜时代世界体系的形成上来述说。

发现这句话的意义，既要有世界史的眼光，还要与考古学结合。因为这句话的内涵，不单是在陈述一个历史事实，它还强调了青铜世界文明体系中的华夏文明的主体性。禹为中国文化代表，非但玉器时代先王文化之代表——"越禹"，且为青铜时代君王文化之代表——"戎禹"。"越禹"，行于"从东南往西北"的玉石之路，走向"禹兴于西羌"，而"戎禹"则行于"从西北往东南"的青铜之路，从黄河源头通往长江下游。

三千多年前的雅利安人，被玉的传人狙击在天山南北，同化于河西走廊，其结果，雅利安变成了吐火罗，雅利安人的青铜气魄同中国西行而来的丝玉气质融合。如果说雅利安文明还是个血雨腥风的战场，那么吐火罗文明则是个春暖花开的安乐窝。或许，我们可以这样说，天山吐火罗是"文化好东西"的一个硕果，东西方在这里各得其所。

玉的传人从雅利安人那里，收获了一个青铜时代的文明包裹。

包裹里，不仅有小麦及牛、马、羊等，还有青铜兵器及兵器背后的那个青铜王国。那是一种与尧舜之国不同的世袭制和君主制的国家，它们都被拿来了。

据说，它先在齐家文化里小试牛刀，然后，逐步进入中国。

易华在《夷夏先后说》一书中，谈到"夏与夏文化"，他认为，"齐家文化集夷夏文化之大成，又正处于夏代纪年之内，最有可能是夏文化"。他提到了夏文化的一个西化标志，就是农耕文明的"五谷丰登，六畜齐备"。因为，中国本土，"五谷"缺麦，"六畜"少了牛、马、羊，南方或有水牛，但北方之牛，皆从西来。易华指出，夏文化的这一西化标志，初曙于齐家文化，齐家文化遗址里，不仅出土了小麦淀粉粒，还有羊骨架。

还有，青铜时代的金文化的标志，最早也出现在齐家文化里。

金文化，是包括金银器和青铜器在内的金属类型的文化形态。青铜时代的金文化，当然以青铜器为主体，因为"国之大事，在祀与戎"，而"戎事"，要靠青铜制作的兵器。若谓新石器时代是人与自然做斗争而成为万物之灵的时代，那么接踵而来的青铜时代，则开启了人与人之间国家形态的战争，战争是国家的本能，反映了国家的本质。

在中国，青铜时代的战争，有的化为传说，如炎黄时期的故事；有的进入历史，如商周时期，从汤武革命开始的带有标志性的历史事件。但，还是有一个时期，横亘在它们中间，那就是青铜时代同玉器时代互动、神话与历史交错的"夷夏东西"时。

这一时期的齐家文化，可以说是"夏"的开始，而"夷"，则是中国文化的老底子，当"夏"占据了国家的主导地位时，"夷"依然坚守着文化中国的主体性。不过，"夷"未僵化，当"夷"以本土立场和文化保守主义的姿态接受西化，"夷"就开始转化，随着"戎"转化为"夏"，"夷"便转化为"华"，原来的"夷夏"也就转变为"华夏"了。

在"华夏"二字中，"夏"代表青铜时代与国家，"华"代表玉器时代和天下，两字合在一起，意思就是"治国，平天下"。从历史的经验来看，中国文化似乎有这么一个特点，那就是不善于"治国"，而善于"平天下"。文化中国，虽是玉器时代中国本土产物，但王朝中国，却是青铜时代由西化而来，用了三千多年，也未能尝试新的国家制度和观念，只是在天下观的格局里改朝换代，直至近代民族国家兴起，也还是从西方来的。除了玉器时代那个基于文化认同的"合众国为一国"的文化中国，从青铜时代以来，几乎所有的国家形态及国家制度，无论古代君主世袭制，还是近代民主共和制，都是从西方来的。

但中国文化善于"平天下"，若非如此，也许三千多年前，就像其他三个文明古国那样，被雅利安风暴摧毁了。中国作为文明古国，并非侥幸躲过一劫，恰恰相反，玉的传人迎头赶上，破了此劫，展示了中国礼玉文化"平天下"的功夫，"禹兴于西羌"，便做了"中国功夫"的代表。"平天下"与"打天下"有同有不同，所不同者，在于"打天下"靠武力扩张，"平天下"靠文化融合；"打天下"靠国家机器，"平天下"靠市场经济。而所同者，那就是它们都要顺应天下大势，禹所顺应者，乃青铜时代及其世界体系形成之大势。

青铜时代之于齐家文化，可谓小试，其青铜兵器，如刀、矛、斧、匕，都从中亚传来，样式相似，很快就以一个青铜文化的体系做出了回应，此真可谓之"顺应"。但这还不够，还要融合。易华指出，齐家文化在吸收西方金文化的同时，保留了东方玉文化的传统，各种玉器，有三十多种，尤其是来源于良渚，作为文化认同标志的玉琮，大小不等，形制各异，有竹节纹琮、弦纹琮、兽面纹琮、人面纹琮等。其表现，虽不及良渚玉琮的精微与神秘，却也简明大气，自有其质朴的精气神。还有作为国民身份标志的玉璧以及作为公共权力和公共财产标志的玉斧、玉铲等，总之，作为礼玉之国的一个完整体系，在玉石之路的尽头齐家文化里出现了，而且用了最高贵的和田玉的材质，去迎接青铜时代的到来。

绿松石嵌铜牌，齐家文化　　　　　　　铜刀，齐家文化

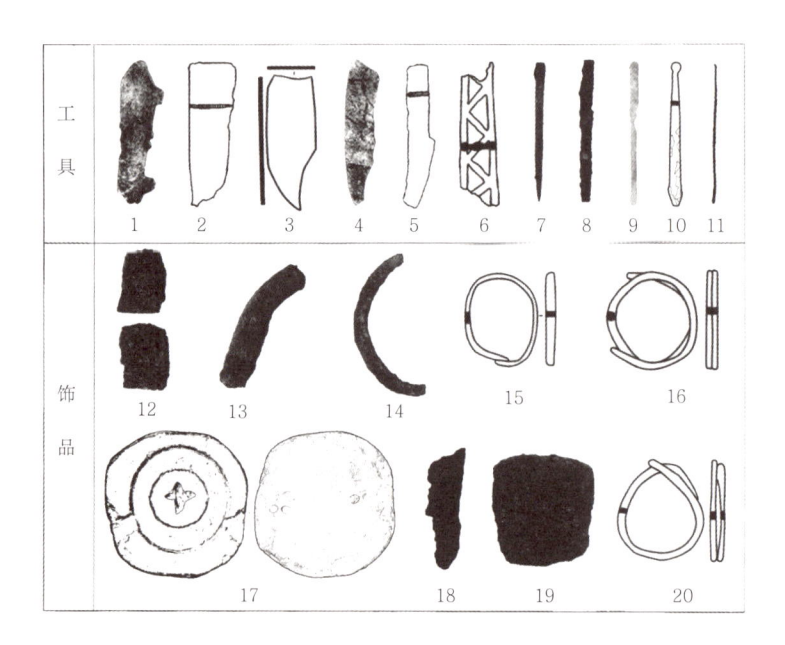

"西城驿－齐家冶金共同体"铜器，甘肃西城驿冶金作坊遗址出土
1—6 为刀。7、8 为锥。9 为凿。10 为钻头。11 为铜条。12—16、20 为环。17 为镜范。18 为管。19 为泡。
1—6、9、10 为皇娘娘台出土，7、8、11、12、13、17—19 为西城驿出土，14—16、20 为宗日出土

卜骨，甘肃永靖大何庄出土，齐家文化 　　　　　　玉琮，齐家文化

　　国家因人与人之间争夺优质空间而兴，并成为助推战争强有力的组织。公元前4000年左右，国家形成自西向东的潮流。齐家文化遗址呈现出这一趋势。

　　齐家文化遗址，位于甘肃省广河县齐家坪，其文化范围，西起湟水，东至渭水，南达白龙江武都地区，北进内蒙古自治区阿拉善左旗，域内，发现350多处遗址，出土陶器、玉器、骨器等近万件，距今约四千年，正是青铜文化向东、向东、再向东的时代，到了河西走廊，青铜时代的历史使命，就由齐家文化担待了。考古发现，位于河西走廊张掖的西城驿遗址，与齐家文化往来密切，在河西走廊多处遗址发现二者共存，在皇娘娘台、海藏寺、长宁、宗日等齐家文化遗址都发现了铜器，形成了"西城驿-齐家冶金共同体"。西城驿遗址出土了矿石、炉渣、炉壁、鼓风管、石范等，包括铜器20余件，武威皇娘娘台出土了红铜器物，如刀、斧、锛、锥等。这一时期，河西走廊与齐家文化可能存在两支从事冶金活动的人群。稍后，距今三千七百年前后，四坝文化逐渐兴盛，与西城驿文化冶金技术有承继关系。而从出土实物来看，齐家文化的礼器还是以玉器为主。

10

帝禹大会计

—— 夏是一个世界而非一代王朝

今天的人，弄不清楚夏，夏是什么？其实证物早就在那里。

关键是，历史观出了问题，用了家天下的王朝史观，来看史前礼玉国家及其政治文化，把古国林立、方国并起的世界，看成了一朝一代的王朝国家。

本来，夏、商、周三国，是同时代三个平行发展的"国家"，用王朝史观一看，就看成了前后相继的三个朝代，这本是周人为了经营家天下而搞的一套义化，以本朝的家天下为原型，重塑了夏与商的世界。商已经被周人说成那样了，还好，商有青铜器和甲骨文做证，尚不失其历史身份，夏呢？虽说"禹铸九鼎"，至今未见其一；虽说"大禹治水"，但滔滔流水，哪有夏的踪迹？面对考古发掘出来的龙山文化，何不认同为夏？

周人以天下观，确立了"三代之治"的说法，用《周礼》那一套文明的样式，规范了中国史前文化。后来，周虽衰，但孔子"吾从周"，以"有册有典"为据，以"祖述尧舜，宪章文武"打造"史官文化"，以之取代了那个灵光闪闪的《山海经》世界。

而夏，便是从那万物有灵的世界里生长出来的，那灵性开显的文明样式，显示出从古国到方国、从方国到王国的多元化交错的格局，以及在交错中形成的从神话到历史一体化道路，不是一句"祖述尧舜"就能概述的。尧、舜在其中，不过之一，而非唯一。孔子观山海，仅取尧舜一瓢，而以文武承接，是以价值取向，非以历史事实，是以经学立场，非以史学观点。此于孔子个人，当无可厚非，但后世之人，皆以其是非为是非，那就错了。孔子的"不语怪力乱神"的决绝，虽然高扬了理性原则，但也使人在史前世界找不到北。

可以这么说，离开了属灵的《山海经》世界，夏的来历就说不清楚。

《史记·夏本纪》里的夏，是用史官文化，按照王朝标准量身打造的，并不符合史前文化的实际。实事求是地说，夏非一代王朝，亦未形成家天下，它是一个世界，是从古国到方国向着王国展开的世界，是古国与方国共处同王国混搭的世界。那世界，看来并非后世所谓"一统江山"，那时，就连"溥天之下，莫非王土"的观念都远未出现。

按照王朝史观的标准，能够证明夏朝存在的证物，到目前为止，只有一件，但那证明，也还是间接的，那是宋代宣和年间临淄出土的一组春秋时期的青铜器，名曰"叔夷钟"。钟有铭文，追述叔夷祖业，言其先祖，佐成汤，伐有夏，占禹都，同西周以来文献中所谓"革命"的说法一致，有人便以此作为夏朝存在的物证。其实，这还是周人对于夏朝的说法，可以作为我们认识夏朝的一条线索，但不足以为据。对于夏的来龙去脉，我们是这样看的：其一，要看它的来路，它是从《山海经》的世界里走出来的，离开了《山海经》，便不足以言夏；其二，要看它的去处，它向王朝中国的目标走去，走向一代王朝，却还留着《山海经》世界的尾巴，在神话与历史的交错中转化，转化出个"夷夏东西"的天下。

太史公序《六国年表》，谈古论今，指出一条规律——"夫作事者必于东南，收功实者常于西北"，此与"东方物所始生，西方物之成熟"有关。他举了几个例子，第一个例子，便是"禹兴于西羌"，通常人们只当作"禹在西羌兴起"来解读，而忘了那个"夫作事者必于东南"的前提，把"收功实者常于西北"的终点当作"作事"的起点。太史公说出这一条，对于认识夏非常重要。"从东南往西北"的历史运势，居然被他提撕出来，而一语成谶了，成了一句"通古今之变"的带有某种规律性标志的"中国式的谶语"。

后来，王夫之《读通鉴论》说的"立国于西北而植根本于东南"，虽以唐以后为凭，但还是在给太史公所言做注脚。有所不同的是，太史公说的是一种"天人之际，古今之变"的运势，而王夫之则以国土规划和制度安排坐实言之。若谓"运势"，还有点玄，说得实际点，就是唐以后，历朝历代都奉行两个中心，政治中心在北方，亦即"立国于西北"，而经济中心在南方，也就是"植根本于东南"了。其得以坐实者，是因为有运河，唐居西北而"植根本于东南"就是通过运河实现的。后来，政治中心跟着运河走，向运河靠拢，有过几次转移，至元、明、清，以京杭大运河为枢纽，形成了北京、南京的格局。经济中心地位从未改变，以致民国时期发生了经济中心向政治中心转变，出现了南北都城之争。几经反复之后，由南京而北京，又回到传统局面，且以上海取代南京，为立国的根本点。

正是靠了运河，中国才能维持两河流域的大局面，并在这个大局面的基础上，支撑起大一统的天下观。这是个比西亚和南亚两河流域都要大得多的历史局面，用了最高的山，来做"究天人之际"的世界屋脊，用了最长的海岸线，来开显"通古今之变"的沧海桑田，用了贯通两河流域的中央集权，来打造大一统的汉文化圈。这一切，能被统一起来，就因为被一条"从东南往西北"的历史运势线贯穿，而运河便承载了这一"运势"。

按照太史公的说法，此"运势"，从禹开出，是禹开了"从东南往西北"的先河。但太史公只说了说"禹兴于西羌"，而未说明禹的出处。我们都知道，禹的出处，跟一个地名有关，它的名字叫"会稽"，《竹书纪年》说禹"会诸侯于会稽，杀防风氏"，《国语·鲁语下》有"仲尼曰，丘闻之，昔禹致群神于会稽之山，防风氏后至，禹杀而戮之"。这些说法，都把帝禹跟"会稽"联系在一起，但都没有说明"会稽"究竟在哪里。

《史记·夏本纪》说帝禹东巡，"会诸侯江南"，"至于会稽而崩"，指出"会稽"在"江南"。帝禹到"江南"来"计功"，也就是一边做审计，一边论功行赏，结果，死在这件事情上。人死，不能无声无息，至少要有个哭声致哀，凡人皆如是，何况帝王？故帝死曰"崩"，如天崩、山崩，没有比这个"崩"字音量更大、发声更响的了！

崩，当然不是把人炸得粉碎，而是指人的心理反应，若"计功"未定而死，有多少人的心情会因此而"崩"啊！该赏的未赏，应罚的不罚，国计恐怕要崩溃了。

传说中的帝禹，不光经天纬地，连山通海，以流域为枢纽开发国土，打理江山，还要为中国立"权利"，以"权利"治国，以利害定天下。"权"是度量衡，"权利"，就是权衡利弊，趋利避害，就像用秤来称物之轻重一样，利害关系，也可以设定标准来权衡，在制度安排中体现出来，此即"命曰会稽。会稽者，会计也"！"会计"，就是行使"权利"，禹在"江南"行"权利"，故以"江南"为"会稽"，立定中国的"权利"。

到了东汉时期，出了两本书：一本是袁康、吴平的《越绝书》，另一本是赵晔的《吴越春秋》。这几位作者，都是会稽人，因此，他们在书中，自然都提到了"会稽"，不是泛指江南，而是明确指出，禹"到大越，上茅山"，一面论功行赏，"爵有德，封有功"，一面立杀扬威，而有"防风后至，斩以示众"，此即所谓"大会计"也！因此一事，而"更名茅山曰会稽"，本来是开方国联盟大会，结果，开成了王权"大会计"。

《越绝书》说，禹两至"大越"，一次为"大会计"来，更名茅山曰"会稽"；一次为巡狩而来，道死，葬于会稽山。《吴越春秋》说得更详细，说"舜崩，禅位命禹"，禹服丧三年，惜民无主，不得已，才登帝位，行政八年——"三载考功，五年政定"。然后"周行天下，还归大越，登茅山，以朝四方群臣，观示中州诸侯"。其中"还归"二字，说明了帝禹的出处。大会期间，发生了一件事，那就是防风氏来晚了，被禹斩首示众，禹这样做，是要"示天下悉属禹也"，这也就是"大会计"的目的。以开大会的方式"定国是"，这一做法从帝禹开始，表明新的国家政权——统一的王权诞生。"大会计"之后，帝禹更名茅山曰会稽之山，国号曰夏后，"而留越"，曰"吾百世之后，葬我会稽之山"。

综上所述，我们发现，对于禹和会稽的说法，秦汉以前，众口一词，但说法简单，所言无非二事，或曰禹"会诸侯于会稽"，或曰"禹葬会稽"。至于"会稽"在哪里，则未明言。先秦诸子，人在中原，以秦岭—淮河一线为中轴，活动于长江—黄河之间，其于东南沿海一隅，多未亲历，文中有时提起，不过举例而已。西汉太史公作《史记》，亦仅泛言"江南"，未曾明细，盖因秦立会稽郡，设治所于吴县，并非会稽山所在地。要等到东汉时，《越绝书》和《吴越春秋》出来，有关人物、地点、事件等历史的要素才算齐备。盖因作者为越人，对于越地往事的来龙去脉有兴趣，故不厌其烦，言之唯恐不及，又身临其境，可以蹲点，或深入民间采访，或前往实地考察。故其所云，能以实证为凭，不做泛泛之言，并非如顾颉刚先生所谓"层累叠加"，而是问题越说越清楚，认识越来越全面吧。

11

会稽在哪里

—— 认识良渚化世界的一条线索

有时候,认识越全面,带来的问题,反而会越来越多。

比如说,会稽在哪里?就像昆仑山一样,出现了好几种说法。

越人说,会稽在越地,这一说法,秦始皇祭大禹,立会稽郡,就先已确认了。但同样是东汉人的高诱,他在注《淮南子》时,却保留了另外两种说法,一说会稽"在辽西界",另一说"在泰山下"。可见东汉时,会稽一地,就有了三种说法。

近世学者,对于这三种说法,各取一说为据,而衍生出新观点。

杨向奎著《夏代地理小记》,其中"禹会会稽"提到,"自《鲁语》记孔子之言以来,说会稽者均以浙江绍兴之山当之"。可是,要说"会稽"在越地,则难免疑问:自来说夏地理者,多说夏在河东,可河东与越地相去甚远,故曰"国居西北而会群臣于东南数千里外,当讶其不经"。因此,他采纳了东汉高诱的"夏域不限河东,如余所论亦远不至南越"的说法,在"河东"与"南越"之间找了个地点,而曰"会稽"在泰山一带。禹封泰山而禅会稽,就不必跑到绍兴去,又以越为禹后裔,曰"越乃南移者",会稽山名随之南下。

此说,有两点值得我们注意:一是越为禹后,二是夏人南下为越。

还有一点应当纠正，那就是"会群臣于东南"一说不妥，其时，王朝未立，何来君臣？实乃方国同盟，或称部落联盟。禹斩防风氏，欲改变同盟的性质，使原本横向平行的各国之间的结盟，向垂直结构的君臣关系转化，这是王朝中国到来的一个信号。

同样主张越为禹后的，还有一位董楚平先生，他也认为，越人是夏族后裔，从山东迁来，带来了"会稽"。但他增加了一个良渚文化的前提，提出先有"禹为越后"，然后，才是"越为禹后"。四千多年前，良渚文化北迁，同中原夏族合流，使之古越化了。

他从古音韵入手，探寻越夏同源，指出越夏古音，都属鱼韵，古越语人名、地名，首字多为勾、姑、无、夫、余、诸等，皆属鱼韵。勾字古属侯韵，可与鱼韵旁转，多通假。以此来看夏世系，一世"禹"，七世"予"，六世"无余"，都属鱼韵，还有十一世夏王名"不降"，同后世越王"不寿""不扬"相似，"不"在此也是古越语发音。

除了语源检索，还有字源考证。董氏认为，越族是以"戉"器来命名的。"戉"，象形，小篆字形，象大斧之形，后作"钺"。"夏"与"戉"，古音同，卜辞中，无"禹"字，"戉"即夐，故以"夏戉"为禹。《说文解字》引《司马法》曰"夏执玄戉"，而"戉"，正是良渚文化的重器。最早的"戉"——钺，或为石斧。良渚时，多见玉钺。反山12号墓，有一套玉钺，饰有神徽，人称"钺王"；寺墩3号墓，发现了由三件玉器组成的玉钺套件，长约68厘米，柄已腐朽，嵌有二十多片长方形小玉片。类似的组合件，在良渚文化的遗址里出土了十几套，多置于墓主左侧，显示其王权身份。而卜辞、金文中，"王"字即为斧钺之形，就连汤武革命，都有"汤自把钺"和"武王左杖黄钺"一说。看来良渚文化为革命和王权提供了一个标准器物和文化样式，王权的雏形露出了标志性端倪。而会稽，便是王权的诞生地，王权一出生，就拿防风氏来开刀，要他尝试一下"夏戉"的味道。

钺之于夏，较殷、周重要。这一点，不光反映在"禹为越后"的良渚文化里，还在向"越为禹后"过渡的陶寺与二里头文化中反映出来，其中出土的石钺、玉钺、铜钺，数量之多，规格之高，远非殷、周可比，且以钺纪年曰"岁"。《尔雅》说"夏曰岁"，"岁"指木星，木星十二个月环行一次为一岁，故郭璞释以"取岁星行一次"。又郭沫若《释岁》说，岁和戉，古时本为一字，岁是戉字别体。于省吾著《甲骨文字释林》曰"岁字本义为月牙斧"，用斧头立"岁"，颇有"王正月"的意思。禹拿防风氏的脑袋，开了个"王正月"的好头，预告了王权即将到来。对此，董楚平著《防风氏的历史与神话》一书，通过对防风氏的考察，进一步确认了"会稽"原地在鲁，而非江南，指出，"会稽"是从鲁地出发，南来北往，往北到达辽西，向南来到浙东的。作者还说"防"为地名，鲁地有五，"风"为国姓，鲁有其四，"防"与"风"结合为"防风氏"，地在鲁西南，亦"会稽"之原地。

我们认为，董楚平的说法，基本上将夏与越的来龙去脉说清楚了，把"会稽"放到"良渚文化的"先越"和夏文化的"后越"的背景上来看，提出了我们认识良渚化世界的一条线索。考古学上曾有一则趣事：当良渚文化最初发现时，因为已有龙山文化在先，人们便顺着"中原中心说"的思维惯性，想当然地认为它是龙山文化的一支在南方的发展，并以龙山文化命名。后来才发现，良渚文化要早于龙山文化，两种文化中相似的那些元素，反倒是良渚文化在北方的发展。但是，由于缺乏"中原中心说"那样的史官文化的底气，没敢说龙山文化是良渚文化的一支，而是谨慎地认为良渚文化的元素进入了龙山文化。谨慎当然是对的，可当良渚文化的主流在太湖流域和杭州湾地区突然消失时，它难道不是在龙山文化里涅槃，并且通过龙山文化进入中原，而且在中原龙山文化里大放异彩，撑起了半边天？良渚文化的运势，正好符合了太史公指出的中国历史运动"从东南往西北"的那条规律。

石钺，长 17.9 厘米，肩宽 9.5 厘米，刃宽 11.5 厘米，厚 1.1 厘米，浙江嘉兴平湖市庄桥坟遗址出土，良渚文化

石钺，长 18 厘米，肩宽 12.5 厘米，刃宽 14.6 厘米，厚 1.6 厘米，浙江嘉兴平湖市庄桥坟遗址出土，良渚文化

石钺，长 17.6 厘米，肩宽 11 厘米，刃宽 13.8 厘米，厚 0.7 厘米，浙江嘉兴海盐龙潭港遗址出土，良渚文化

石钺，长 12.2 厘米，肩宽约 8.5 厘米，刃宽约 9.8 厘米，厚 0.9 厘米，浙江杭州余杭反山遗址出土，良渚文化

良渚文化玉钺完整图示

12

夷夏变华夏

—— 尧舜禹的不肖之子们

文化融合好似合股经营，由两种或两种以上的文化共同经营天下。

在齐家文化里，我们看到了由金文化和玉文化融合的文化，那就是夏。当然，那夏只是两个时代初次见面的初级阶段，是两种文化第一次握手的小试样式。进入二里头文化，夏才开始壮大，不仅齐家文化来了，石峁文化也来了，还有石家河文化和陶寺文化，也一南一北都来了。总之，以中原龙山文化为主体的整个良渚化世界都参与进来了。

正是在二里头文化中，中国青铜时代进入了第二期发展的中试阶段。

这一阶段，在文明的冲突与文化的融合中形成了"夷夏相争"的天下。中国考古学一直在寻找能够代表夏朝的夏墟，就像殷墟能够代表商朝那样，找来找去，还是找到二里头文化来了。因为受了王朝史观的影响，以为夏就是一个像商和周那样的王朝，其实，夏还在通往王朝之路上，要到了二里岗文化时期，由于汤革命，王朝才被一锤定音。总之，夏还不属于一代王朝，还是个王朝进行时，而非王朝完成时，那进行时所呈现的，便是个"夷夏东西"的样子，而其所趋的路径及目标，则改"夷"为"华"，因此，我们认为的"夏"，原来就是个从"夷夏"到"华夏"所开的"华"——花，尚未结成王朝中国的果。

"夷"同"戎"一样，是一个文化指称，字的本义，泛指"东方之人"，从字形上看，《说文解字》曰"夷从弓"，也就是手里拿着弓箭的"持弓之人"，其代表人物，应该就是羿吧。羿能弯弓射日，善射莫过于此，其义在"平"，即"平天下"之"平"。

禹本来也是夷，但他西化后，就转变为夏了，正是在古代国家起源的入口处，夷和夏发生了分歧。按照原来尧舜立下的规矩，禹让位于皋陶，皋陶避之，又让位于伯益，益也不受。历史就这样记载了一笔，而原因方面则未深究，唯以"让天下"为美谈。当然，也有人说"让天下"是假的，实际的情形是"益干启位，启杀之"。而我们则认为，这两种说法，其实并不矛盾，关键是我们要搞清楚皋陶和伯益何以要"让天下"，他们之所以"让天下"，是因为古代国家的性质随着青铜时代的到来发生了根本的变化。这变化，乃"禹兴于西羌"所致，是"西化"带来的一个新变化，一种新的国家观念要来否定尧舜之国了。

对于皋陶和伯益来说，既然国已不国，何必还要受让呢？青铜时代已经到来，王朝国家跟着也来了，在新的国家观念里，唯有世袭的君主制才具有合法性，而这正是与权力的正当性来源相背离的，故他们避之唯恐不及，禹子启也就当仁不让地上位了。

益未受让禹的天下，但亦未放弃自己的权力，当启欲以世袭制自居于天下时，益非但未认同，而且与之决裂，形成了"夷夏东西"的局面，尧舜之国随之而亡。

这种分裂，在陶寺文化中就有反映。遗址里，发现有"毁墓"现象，很可能就是分裂所致。高江涛在《试析陶寺遗址的"毁墓"现象》一文中指出，陶寺文化早、中期墓地，有"毁墓"现象，比较少见。不同于动物扰坑、后世盗墓、墓葬叠压打破、迁葬等破坏现象，捣毁墓葬的扰坑大多是大型坑，挖坑的目的性较强，坑多是直指墓室中部以及头端，且深至墓底其至穿透，破坏性很强，明显是冲着墓主人而非随葬品而来的。其决绝，一如后来伍子胥掘墓鞭尸，非有深仇大恨所不能为，不止一次出现在一个文明共同体内部，而且基本上都是新生代向自己的父辈和祖辈下手。陶寺文化遗址早期的和中期的墓都被毁了，顺序应该是这样的，中期的毁了早期的，晚期的毁了中期的，反映了文化断裂时的"弑父"情结。

文化断裂，是青铜时代带来的，风气所至，不是非要等到夏禹之时。传说中，尧、舜都有不肖之子，相对于父辈，新生代总是敏感的，也许这些不肖之子，得了青铜风气之先，尧子丹朱、舜子商均，都想自立，但都未能成功，火候未到，舜、禹还在，轮不到他们来摊牌。要等到"禹兴于西羌"后，到了禹子启时，传子不传贤，才能水到渠成。当启自立为"夏"时，伯益已经不能像舜和禹那样获得举国上下认同，唯有以"夷"自居。

于是，有人就将陶寺遗址里出现的"毁墓"现象同这几次冲突联系起来。比如，刘铮在《从陶寺遗址看"唐伐西夏"》一文中指出，陶寺遗址早期小城为尧都，中期大城为舜都。就在这两个都城里，先后发生了舜篡尧位、禹篡舜位、唐伐西夏三劫连环，"毁墓"就是打连环劫给打出来的。这种看法最早出自《竹书纪年》和《韩非子》，代表了王朝史观里常有的阴谋论观点，是完全站在王朝中国的立场上来立论的。若知还有文化中国在，或许就不会将尧、舜、禹都拖下水，在王朝中国里，这些被王朝史观和史官文化熬成一锅粥。

从尧子丹朱到禹子启，这一新生代系列，他们的追求，开了王朝中国的先河。看似不肖之子，实为青铜时代王朝中国到来的先驱，丹朱和商均还只是青铜的恶之花，到了夏启，终于结出青铜的恶之果。从偷吃王权国家的禁果——丹朱之流，到王朝中国开始取代文化中国——夏启之时，这样，就开了天下大劫，用王朝中国打劫了尧舜之国。

但即便是夏，也未能形成溥天之下的王朝，因为天下的另一半还有夷，还是个"夷夏东西"的天下。就此而言,我们可以说,二里头文化就是"夏",但二里头文化不光有"夏",还有"夷",是个东西方文明对冲的大格局,不是用区区一个"夏墟"就能概括得了的。也就是说,二里头文化,可以说是"夏墟",也可以说是"夷墟",只是因为考古人也受了史官文化的影响,文化以"夏"不以"夷",二里头文化就跟着王朝姓"夏"。

王朝修史,尚有南北朝的体例,而"夷夏东西"却有"夏"无"夷"。王朝姓"夏"不姓"夷",可在文化中国里,"夷"出自本土,当为主体,龙山文化就来自"夷"。"戎禹"和"夷益","夏启"和"夷羿",前赴后继,开辟了"夷夏东西"的大格局。

国家是文明的最高形式,那些拥有国家观念的人,都爱这么说。相比之下,夏人比夷人,更重视国家,他们从西边来,不光带来了青铜文化,还带来了"国家"。

他们从山到海,以山为经,以河为纬,河流连山通海,流域形成"国家"。《山海经》里的"国家",尚处于前"国家"的自发形态,考究起来,大抵有两类,一类为古国,相当于以血缘为纽带的氏族组织,还有一类是方国,是以地缘为聚落的氏族共同体,而正在形成的"华夏国家",则从"合众国为一国"的文化中国,走向了王朝中国。

尧时,那位夷羿,曾经弯弓射日。本来,天上有十个太阳,应该轮流出场,就像合众国里的王,应该轮流执政一样。当十个太阳一起上,天地就成了烤箱,万物就要遭殃,当十个王都来争夺主权,就会天下大乱。在神话与历史交错的文化里,羿射九日的神话故事,有深刻的历史意义,实已预告了"天无二日,民无二主"的王朝中国来临。

可夷人未有王权"国家"的自觉,他们自居于夷,未居为夏,观念还在天下。所以,当王权"国家"来临时,他们退和让,他们的统一性还停留在文化中国上。夏,就是"国家",夏人是有"国家"观念的"国人",

是"国家"制度里有身份的"国民"。而夷人却落伍了！从"国家"观念隐退，一如皋陶；在"国家"制度里让位，好似伯益。

后来，后羿代夏，也没有掌握"国家"，反而与"国家"疏离，不仅对王朝中国无所适从，连文化中国也失落了。夷为持弓之人，理应善射，而羿就是他们的代表。羿能射日，可见其矢，或为神矢。《说文解字》曰"羿"为鸟，特指鸟之两翼，扶摇直上，势若垂天之云，有如《庄子·逍遥游》所谓"鹏"也。也有人说，羿就是太阳神，他那神矢，就是太阳放射的光芒。总之，太阳之中，本有神鸟，《山海经》里，称"三足乌"，河姆渡遗址中，可见二鸟衔日图式，或曰为双凤朝阳。在良渚和龙山文化中，鸟天听天视，传达天命，也是代表天的天使，它们可以说是羿的原型。"天命玄鸟，降而生商"，当然也根源于此。

夷夏相争中，羿的悲剧，宣告了"有祀无戎"的"玉帛古国"时代结束，使得自陶寺文化以来打着尧、舜旗号的文明共同体亦即文化中国的原型——"文邑"解体。一个追求王权的世袭制的王朝中国从二里头文化中冒头了，益、启之争，后羿代夏，少康复兴……直至汤伐桀，才以革命了结。革命，使夷夏转变为华夏，夷转为华，戎转为夏，华代表文化，表现为文化中国，夏代表国家，王朝中国的正统地位终于被文化保守主义的夷人认同，从此得以确立。但是，即便如此，国家也不是最高存在，没有被绝对化，它还要受制于代表天命的"华"，而"华"，也就是那个以"汤武革命"为标志的天下。夷夏变华夏，夷人的文化理想，转化为天下观，夷人的文明样式，转化为礼乐制度，夏则拥有了王权国家。

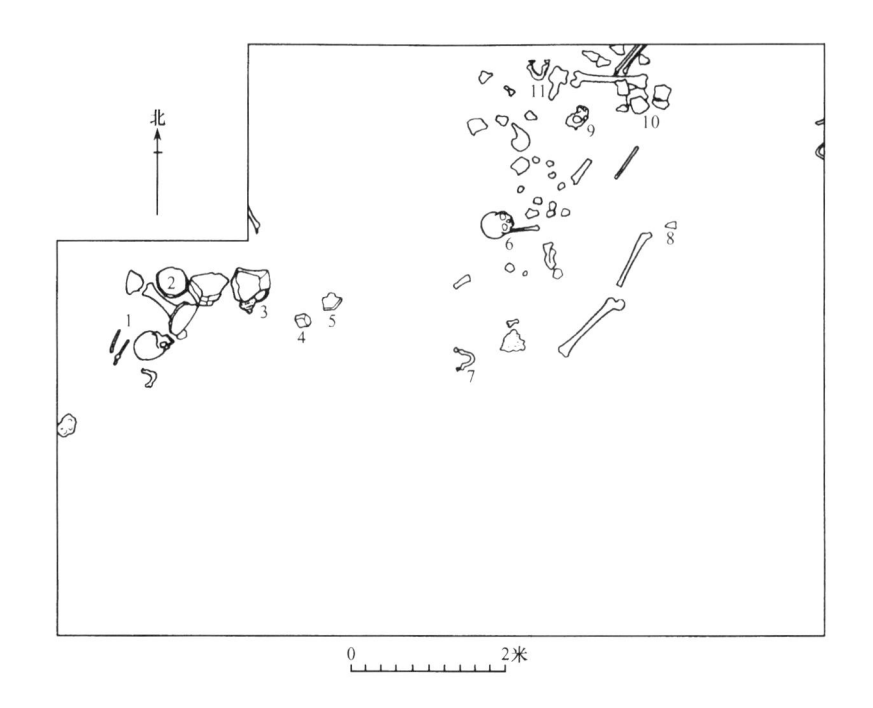

陶寺遗址，ⅠHG8墓葬①A平面图，1-11为人骨

图为中国社会科学院考古研究所山西队、山西省考古研究所、临汾市文物局，在《山西襄汾陶寺城址2002年发掘报告》中，所绘制的其中一处发掘现场，考古人称之为ⅠHG8遗址。这一处墓葬面积非常大，分三个堆积层。第一层有31个人骨堆积，可分五层，头骨多，且分布杂乱，多数有砍切痕迹，年龄多为青年，另有一儿童和一老人，有的头骨下连有数段颈椎骨，发现极少量肋骨、肢骨、盆骨。第二层，有4个人头骨和部分肢骨。第三层，有大量的犬骨和少量的兽骨、人头骨，还有大量的骨簇。底部有一具完整的人骨，仰身，双臂分开，双腿叉开，一腿弓起，

086　　　　　　　　　　　　　　　　　　　　文化的江山 02：王朝中国的确立

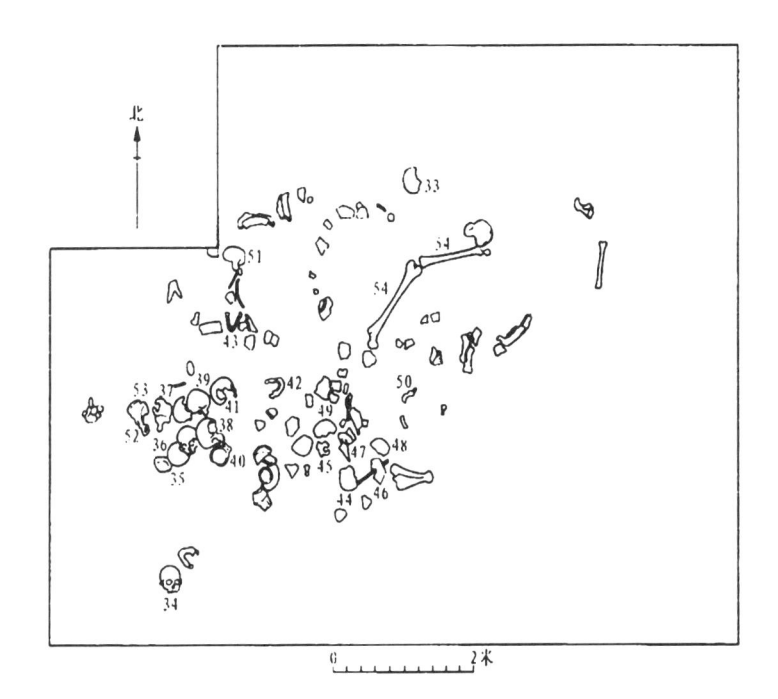

陶寺遗址，ⅠHG8 墓葬①E 平面图，33-54 为人骨

阴部被插入一根牛角，牛角长 30 厘米，进入盆腔内 10 厘米。人骨为 35 岁女性，明显为暴力残害致死。

从三个堆积层来看，这是一座暴力遗存，属于陶寺文化晚期，联系到陶寺文化城墙在陶寺文化晚期被毁，且部分遗迹堆有大量的建筑垃圾，如夯土块、白灰皮等，说明陶寺文化晚期阶段有过大规模的人为毁坏建筑行为。

陶寺文化城址所呈现的都邑规模，以及从早期的建造到晚期被毁，为我们提供了由古方国向王朝过渡的范例。

13

东夷与西夷

—— 走向王朝中国的阶段

易华在《夷夏先后说》中指出,周是"西夷"建立的王朝。

这是把周朝放到"夷夏东西说"里来看,是"夷眼"看世界。

对此,我们有不同的看法。我们认为,到了周朝,夷人东与西的时代早已结束了,因为汤革命开启了新时代,从夷夏进入华夏,从中国形成进入王朝确立时代。

商和周,是王朝中国最早的两个朝代,它们之间,早期就像齐家文化与龙山文化那样,在人文地理上,表现为平行的西夷与东夷,晚期,当王朝来临时,便作为历史进程中先后相继的两个朝代。虽然它们都经由夷夏东西而来,还留着东夷、西夷的痕迹,但无论从文明进程的时代性上,还是从地缘政治的文化属性上,它们都发生了根本转变。从史前转入历史时期,从东西方转到中原,统一的中华属性,完全取代了东西方定位。

所以,如果还要说商是东夷王朝、周是西夷王朝,就不如"无问东西"而"执两用中",但"用中",并非地理位置上居天下之中,而是史前文明两条运势线的相交点。一条是红山文化运势线,从东北向西南"用中"。还有一条良渚文化运势线,从东南往西北"用中",两条运势线相交,形成了"用中"文化,在相交的那一点上就出现了中原。

文化中国形成的这两条运势线，在王朝中国也贯穿下来，它们在司马迁的《史记》里都有反映，除了那条从东南往西北的运势线，还另有一条从龙门到碣石的"司马迁线"，这一线，若再往前延伸一下，出了山海关，就进入史前红山文化的地盘。只可惜，司马迁的眼光还是稍短了一点；如果他的眼光能投向山海关外，就会注意到红山文化的遗存，就会发现，这是一条游牧文化入主中原的运势线。红山文化就曾经由这一线进入中原，与仰韶文化里那个"最早的中国"有过互动，后人用了王朝史观来看，就看到了炎黄战争。

红山文化初民，他们是玉器时代的先行者，其文化，亦必打上玉的烙印，不以战争为本分，而以和平为天职，他们率先启动了那条"司马迁线"，却被那些"追寻五帝"者，追出了炎黄战争，对于接踵而来的良渚文化的先人也是如此，良渚先民向玉石之路的诗与远方走去，也被他们说成了蚩尤与黄帝大战。虽说玉器时代战争有时也难免，但毕竟不是那个时代的主流，不反映玉文化的本质。玉器时代，主要的和主导的，还是文化交流和贸易往来。而玉如玉璧等，很可能就充当了文化交流的媒介和贸易往来的货币功能。

那时，这两种文化中，尚未有夷夏观念，但它们一来一往的两条路线，却形成了十字那样的一个中心点，就在那一点上，出现了后来人说的"中原"，在"中原"立国，当然也就是中国了。从陶寺中国，到二里头中国，再到二里岗中国以及殷墟中国，在这两条运势线相交的中国，我们还看到了东西方两种文明和两个时代的互动，看到了从文化中国走向王朝中国的历史进程。中原，不光是南来北往的那一点，还是继往开来的新起点。

在中国国家博物馆里，我们看到了第一王朝的第一标志物——司母戊大鼎。

那是殷墟鼎盛时期的产物，乍一看，便与二里岗时期的那个开国大方鼎不一样，开国大方鼎要简朴得多，从器型到纹饰，我们几乎看不出有什么明显的王朝特征。

二里岗大方鼎，是青铜时代的国家与革命的标志，是在青铜时代的质料体质上赋予玉器时代的文明样式。王朝国家的属性尚未能在鼎上得到表达，而司母戊大鼎最明显的特征就是表达了王朝国家的本质要求，鼎的那两只直耳上，各铸有二虎食人头像。

鼎本为餐具，用来解决吃饭问题，把鼎作为国家的象征，特别强调了"民以食为天"，把解决吃饭问题，当作国家首要问题。因此，大鼎，就意味着国家的大锅饭，表示有饭大家吃，这是国家对人民的庄严承诺，故其能为立国之本。然而，我们从司母戊鼎上却未能看见有"民以食为天"的国本的气象，人民吃饭的诉求，被王权吃人的表达掩盖了，从"率民以事神"的神民合一的神本国家向"率兽以食人"的神王合一的王朝国家转变了。

转变，当然不是从司母戊时代开始的，早在盘庚迁殷时，就已经开始了。

商代早期，最重要的两件事，一件是汤的革命，还有一件就是盘庚迁殷。

其重要性在于，汤以革命开创了殷人的神本国家，结束夷夏相争，确立华夏一统，但于国体建设，则未完备，尚处于以殷人为主导的"合众国为一国"的联邦阶段，或曰为"部落联盟"。而盘庚迁殷，则不单是迁都，更是国家转型，其欲走出王朝中国的初级阶段，使得从汤以来的部落联盟转向一个具有正统性和世袭制的王朝国家，盘庚做到了。

商和夏一样，也不是一开始就以王朝国家的形态出现的。先商时期，也就是殷人的先王先公时代，也曾以"东夷"的身份参与夷夏相争，与"西夷"争为夏，因而动荡不安，迁徙不定，据载"自契至于成汤八迁"。"契"为殷人始祖，也就是《诗经》云"天命玄鸟，降而生商"所指的那位，亦即由《史记·殷本纪》载殷人始祖母简狄于"行浴"中吞玄鸟之卵而生的那位父系始祖。契同夏禹和伯益大约同时，从契至汤"十有四世"，其间迁徙八次，不到两世就迁徙一次。有人说，迁徙的范围，大约都在今之河南、山东境内。也有人说，从河南到了河北，从河北还到了环绕渤海湾的辽东半岛，甚至到了朝鲜半岛。

我们认为，后一种说法也是有可能的，因为这样的范围，正是红山文化活动的路径，而往来于鲁、豫之间，则是从良渚文化发端，由龙山文化继续的那条路线。作为"东夷"的殷商先人，多半也就在这两条路线上活动。而作为"西夷"的周族先人，则沿着齐家文化的道路，由甘、陕入中原，行夏之路，其实，这也就是在良渚文化开辟的道路上往回走。反其道而行之，从西北向东南，有如殷商先人之于红山文化的漫游。汤之于桀的胜利，就凭借了这两条路线的运势，动员了源于红山文化和良渚文化兴起的合力。而周克商，则是从西北深入东南，如太伯奔吴，实施"翦商"战略，从良渚文化的根本上动摇了商的基础。

这两条运势线，在历史进程中，可以分主次，占主导地位的，还是"事兴起于东南，而收成于西北"的那一线，那是从良渚文化就开始了的运势线，也成了汤革命以后"以夏变夷"的历史主线，而由红山文化来的一线，自盘庚迁殷以后，就未能再予以重视。

我们看盘庚迁殷，迁来迁去，范围就在鲁、豫之间，在中原一带打转，影响所至，后来的"司马迁线"都未能越出山海关的局限。汉家天下忽略了这一线，反倒是长城外的游牧民族，一有机会，便从这一线来问鼎中原。君不见，中国历史有一奇观，游牧民族入主中原，最后能成功的，都不是从西北那一路来的，而是大都来自东北一线。

究其缘由，便与王朝中国的确立有关了。王朝中国定都中原，虽然是由两条运势线形成的十字形大格局所决定的，而且在王朝形成以前，就已经出现了具有国家样式和都城规模的陶寺文化、二里头文化以及二里岗文化等，但当时还有与之具有同等规格和规模的国家出现在中原以外，比如说，中原以北的有石峁文化，以南的有石家河文化，以西的有齐家文化，也都具备了像模像样的国家形态，并且都在两条运势线的作用下向中原发展，可它们都还没有一个中心意识，没有一个中国观念，因此，也未必要有一个中原来安顿它们的国家。即便禹、汤之后，已有了王朝目标，但还是未能形成一个聚集各路文化的中原。

历史上，都说汤建立商朝。其实，汤还只是草创，也许有个草图，也许连个草图都没有，只应了一句"草鞋没样，边打边像"。有两种情况，说明汤革命以后，王朝尚未确立。一是从汤到盘庚，曾五次迁都，都为国本。如此频繁的迁徙，哪像个一代王朝的样子？应是国朝未定，权力来源的正当性与合法性还没被确认。另一则更甚，汤方死，汤之辅弼伊尹，便将其子太甲放逐，放逐的理由，当然还是原来"尚贤"那一套，太甲不贤，就把他放逐，后来贤了，又把他迎回。这说明，其时世袭制仍未确立，"尚贤"还是个压倒一切的标准。或曰，后世周公，不也如法炮制，难道也是因为世袭制未立？那倒不是，但世袭制里原有兄终弟及和父死子继两种选择，周公还政于成王，表明他最终还是选择了父死子继。

总之，那个像世界文明古国那样的王朝中国，不是在汤革命的那个时代形成的，而是在汤开国以后，又过了十几代，才开始出现，终于走出王朝中国的初级阶段。其中盘庚迁殷是个关键，盘庚之后，商就不再迁都，国都能固定下来，国体也就安顿好了。随之而来的国朝建制，有了两百多年的休养时期，王朝中国也就逐步形成了。所以，我们从殷墟看到的商朝，就看到了一个文明古国的标准样式，看到了一代王朝所特有的中国定式。

玉兽面牌饰,辽宁朝阳牛河梁第二地点出土,红山文化

勾云形玉佩,辽宁朝阳牛河梁遗址出土,红山文化

红山文化人的精神特征以玉来呈现。

从燕山南北,长城内外,到渤海湾一带,那是红山文化板块。在东北辽河与内蒙古老哈河之间的两河流域,六千多年前,就哺育了中国的玉文化,这一带出土的玉器展现了红山人精神生活的样式。

在辽西,大凌河源头"凌源",燕山支脉努鲁儿虎山南麓,考古人有了新发现,新发现在山梁上,山梁因山下流过的那条牤牛河而得名,叫"牛河梁",遗址就叫"牛河梁遗址",是红山文化的"典型"。

查海遗址出土的龙形堆石

查海遗址出土的陶塑龙纹

今天中国东北部辽宁省阜新蒙古族自治县，距离市区仅 25 公里处，早有一群了不起的查海人在这里生活。位于农牧交错线上，宜耕宜牧宜渔猎，属于辽河流域渤海湾文化圈。八千年后，考古人在这里拾起残破的陶片，鳞状龙纹清晰地表现了龙的特征，还有石块堆塑龙有头有尾、有脚有身。这是迄今为止发现的最早的龙鳞纹，以及最早的巨大摆塑石龙。

赵宝沟文化刻画猪龙、凤鸟和麒麟（鹿）纹的陶尊

查海之后，位于赤峰敖汉旗赵宝沟文化遗址，出土了一件龙纹陶尊，其纹饰之精美及其寓意真乃集万千之宠于一身。轻轻抚去六千年堆垒的纤尘，时光流逝了色彩的艳丽，隐约可见的斑驳中的精神印记，却被精湛的工艺保存得极好。线条流畅自信，布局豪华，猪头龙、鹿头龙、鹰首龙，参差组合，立体透视，气质高贵，也有以为陶尊上一圈彩绘图案是猪龙、凤鸟、麒麟纹的组合，不管哪三个，它们皆如遨游在云端的祥禽瑞兽，虚构的身份，应该是构成龙的基本元素。这些繁复的龙纹恰好表明了一种趋势，龙汇聚诸多动物特征而形成的轨迹初露端倪，猪、鹿、鹰以其各自的优势正在努力向人们想象的龙靠拢，龙的神性在这一过程中合理化，并为我们提供了龙的形成轨迹，以证实我们的猜想，甚至为我们提供了可以肯定的理由，它们也是青铜器饕餮纹的雏形和影子，龙的附加值则在各种元素的汇聚中提升，最终完成神而上之图腾化。

赵宝沟文化带着它的天真龙家谱，上承查海、兴隆洼，下起红山文化。

C形玉龙，内蒙古赤峰翁牛特旗三星他拉出土，
红山文化，中国国家博物馆藏

玉猪，辽宁朝阳牛河梁遗址出土，
红山文化

　　将思绪从美丽的龙纹线条中抽丝般地顺回来，脚步再从老哈河北端赵宝沟遗址向南偏西出发，走了将近五百年，行程仅约150公里，依旧在老哈河水脉一带徘徊，不过稍南偏东一些。这里是辽宁建平牛河梁新石器遗址，一把小小的洛阳铲就像钟摆，一铲定在距今五千五百年的时点上，积石冢里一座石棺定格的是彼时的瞬间场景。

　　这只带着龙马精神的C形龙在龙文明的进化过程中，很可能在即将结束的史前文明的终点站上，换乘了具有文字记载的历史时代，从东北渤海湾来到中原，与商代甲骨文接轨，甲骨文的龙字与这只C形龙姿是那么的接近。当然这次C曲龙大迁徙整整走了近一千五百年之久，经过距今约四千年的内蒙古敖汉旗大甸子夏家店下层文化，与这里两条腿的龙汇合，向南渡过桑干河下游经燕下都，再向南便到了河南安阳小屯。与甲骨文上多种形态的"龙"字也能对接上，这也是著名考古学家苏秉琦先生的观点。

　　农牧交错线，作为人类文明初曙的新石器时代的重要遗址竟然在这里星罗棋布。东北辽宁内蒙古交界一带，查海、兴隆洼、赵宝沟红山文化玉器以及纷繁的龙鳞纹与龙迹，表明它们是一个文明纽带上不同时期的绳结，以及向南迁徙的轨迹。

彩陶龙纹盘，山西襄汾陶寺遗址出土

红山文化的彩陶龙纹与陶寺遗址出土的彩陶龙纹盘的比较

龙纹和蛇纹陶片，河南偃师二里头遗址出土

商代的青铜龙纹

第 1 章　青铜时代与王朝中国的确立

甲骨文中多种"龙"字，出自康殷著《文字源流浅说》，第167—168页

中国早期龙形象比较图　Dragon Images of Early Periods in China

龙形象										
年代	距今7600年	距今6000年	距今6000年	距今5500年	距今5000年	距今5000年	距今4500年	距今4000年	距今3800年	距今3000年
文化类型	查海文化	仰韶文化	赵宝沟文化	红山文化	红山文化	仰韶文化庙底沟类型	龙山文化陶寺类型	夏家店下层文化	二里头文化	商文化
出土地点	辽宁阜新－查海	河南濮阳西水坡	内蒙古敖汉旗小山	辽宁建平牛河梁	内蒙古翁牛特旗三星他拉	甘肃甘谷西坪	山西襄汾陶寺	内蒙古敖汉旗大甸子	河南偃师二里头	河南安阳小屯

第1章　青铜时代与王朝中国的确立

14

尸祭司母戊

—— 借尸还魂的世袭制的神权来源

到了殷墟时代，中国作为王朝国家的标配，基本都配齐了。

青铜、城市、文字等有关国家形态的那几个标准件都具备了。但殷墟所反映的，并非中国的国家起源，而是王朝中国的形成，也就是青铜化世界体系的完成，应该说，这是一个完美的句号，青铜文化在此发展得极为充分，甚至可以说是集大成。而文化中国的国家起源如前所述，完成于五千多年前的良渚文化的运动。

就拿那件司母戊鼎来说，它是迄今为止，在全世界范围内，所有出土的鼎中，最大、最重的一件，但作为表现国体的国之重器，司母戊鼎还算不算最高规格？

若以"鼎之轻重"问之，它理应算个配角，主角应该是武丁王之鼎，但那国体之鼎，或如禹鼎一般，已未知去向，到如今，我们只能问一问了。既然武丁王之鼎何在，已然不可知，我们不妨就以司母戊鼎作为商朝的代表，对之重新提问并解读一番。

重读，要从"正名"开始。此鼎，今有两名，原名"司母戊"，现名"后母戊"，我们对此鼎的"正名"，就从现在流行的"后母戊"，回归原来的"司母戊"。曹定云在《"司母戊鼎"不可改名为"后母戊鼎"》一文中指出，商朝无"后"制,"立后"是周以来才有的,更何况武丁时期有妣辛、妣癸、妣戊三位法定原配夫人,若读为"后",岂不同时有了三位王后?此与古制不合。而读为"司",则能体现王朝中国对于世袭制的要求。曹定云说,"司"为"嗣","司母"即"嗣母",亦即"王储之生母",因此,"司"是一种特殊身份,作为商王法定配偶的"司",其子嗣可以继承王位,可以进入世袭制的行列中来。

据说,武丁王有诸妇六十,其中,有"司"三位,即"司母辛"、"司母癸"和"司母戊"。与之相应,王储也有三位,一位是司母辛的儿子祖己,另一位是司母癸的儿子祖庚,还有一位,便是司母戊的儿子祖甲。此说,见于曹定云《"妇好"、"孝己"关系考证》一文。该文指出,殷墟妇好墓中,署有"司母辛"铭文的五件铜器,其中,大方鼎一对,四足觥一对,另有方形高圈足器一件,均署有"司母辛"铭文。曹认定,这五件铜器,便是由妇好的儿子"孝己"所提供的祭品,因为武丁对妇好称"司辛"。另一说正相反,认为,在武丁三位有"司"夫人中,司母戊排在第一位,司母癸第二,司母辛第三。按此排列,孝己就成了司母戊妇妌的儿子,而祖甲则变成了司母辛妇好的儿子。这样看来,上面提到的那五件铜器就成了祖甲为母亲妇好所提供的祭品,而孝己奉献的,便是那只司母戊鼎。

这三位王子,其中两位,孝己和祖甲,他们是王朝之初世袭制政治伦理原则的代表。孝己,代表"孝",可以说是中国历史上的第一位孝子;祖甲,代表"悌",率先开出中国传统政治文化的兄弟情义。正是这两个兄弟,将父子兄弟的血缘属性,转化为"孝"和"悌"的伦理精神,以此决定了世袭制的父死子继和兄终弟及,在王朝世袭的血雨腥风里,添了一份温暖的人间亲情,在王朝政治的刀剑丛林里,开示温润如玉的道德理性。

然而,国体的神化,少不了一颗悲剧性的头颅,不能以对奴隶与战俘的杀殉来获得神性,必得以高贵且富于灵性的生命来献祭,来催化蕴含于国家观念中的神性，从而实现对国家原罪的救赎，那就难免要借用一下王子的头颅，这是王朝世袭制的代价。

若要期待一个美好的国家到来，那就得投入一位王子的生命去救赎，会死的上帝——国君应像上帝奉子救赎人类那样，用王子的热血去漂洗积淀在国家制度里的罪垢，用王子的头颅去为国家暴力的原罪献祭。这样，我们就在司母戊大鼎上看到了一个悲剧化的场景，那就是铸在鼎耳上的"二虎食人头"纹饰。仔细看那人头，那么安详宁静，没有一丝一毫恐惧的表情，也没有半点雄赳赳的狰狞，一双大眼睛，一个大鼻头，显得比平时都大，仿佛有什么东西在里面膨胀，最为美妙的是，那微微张开的嘴唇，居然那么从容地一笑，灵魂就要出窍，它多么符合古希腊人的悲剧理念：悲剧，勿令人悲伤，而要使人理解命运。

这头像的原型，我们认为，应该就是那位史称至孝的"孝己"，那是祭祀祖先神的"尸祭"仪式留下的还魂标识。而那尸，便是孝己之躯，那位借尸还魂的祖先神，应该就是武丁的父亲、孝己的祖父小乙。因为礼制规定，"尸必以孙"，让孙子奉献血肉之躯，使得祖先能在孙子的生命里满血复活。因此，被祖先还魂让祖先复活的孙，一定是王位的继承人，但不是每一位王位继承人都必须经历"尸祭"，"尸祭"是为了世袭制的建立。

"尸祭"是一种仪式，并非真的要了王子的命。"尸祭"夏时就有，但夏祭的方式，与商有所不同，夏为立尸，商为坐尸。在夏人的观念里，还是神人两分，尸毕竟是人，不能久坐神位，唯用餐时，方能暂坐，不用餐，就必须立着。殷人的观念，有所改变，开始走向人神一体和神王合一。所以，尸也就是神，尸位即神位，尸居神位，受百官朝拜，被万民景仰。如果让尸老站着，那就反而变成了不敬神。很显然，这是世袭制里才会产生的仪式，以此仪式表达王权来源的正当性。

有两个成语，跟"尸祭"有关，除了"借尸还魂"，还有一个，叫作"尸位素餐"。"尸位"，本来何等神圣，可一旦脱离了"尸祭"，它就跌落神坛，变成了贬义词。后来，就出现了所谓"坐着无所事事白吃饭"之类的诠释，就因为历史已经翻过了"尸祭"那一页。"借尸还魂"亦如此，本来是君权神授的仪式，也变成了阴阳怪气的贬义词。

有人将商朝的"尸祭"仪式追溯到"汤祷事件"。商汤王时，久旱未雨，苗枯禾死，民不聊生，汤为民求雨，向天祷告。最早提到此事的，是在《荀子·大略》里，重点放在汤的自我反省上。接下来，相去不远的《吕氏春秋·季秋纪》里也提到此事，但重点已转移到天与王、君与民的关系上。他对天呼吁"万夫有罪，在余一人"，然后剪发束手，以身为牺牲，祈福于上帝，民乃甚悦，雨乃大至。到了汉代的《淮南子》时，故事变得更有戏剧性了，就在汤要点燃脚下的木材向天捐躯的那一刻，一场大雨将火扑灭把他救了。

像汤这样的"尸祭"，显然是立尸，而非坐尸，采用了夏的方式，而非商的方式。汤是直接面对天，而孝己面对的是祖先神，汤所祈福的那个上帝，还不是祖先神，而是作为天的人格化存在。也许你可以把汤祭天解释为天父与天子的关系，但那充其量还停留在史前的观念形态，尚未能形成制度上的历史事实。而孝己作为"尸"，则是在世袭的制度安排里出现的，表达了一种新的政治诉求。那是什么需求？当然是对于"尸"的需求。唯有借"尸"，才能转化，唯以"尸祭"方式，分享祖宗神的神性，才能将外来的世袭制转化为本土的礼制文明，不仅作为礼制文明的一部分，而且作为礼制文明的核心，在帝祖合一、神王合一中，获得基于血缘属性的自然法的正当性。《礼记·郊特牲》说"尸，神像也"，因为神无形，须以"尸"呈，故《说文解字》曰"尸，陈也"，陈放在那里，让神来还魂。

而这，便从"孝己"开始。"孝己"非原名，乃后人追谥，"己"为庙号，"孝"

为谥称，其于武丁卜辞中见之，多曰"小王"，于庚、甲卜辞中见之，皆曰"兄己"，之于后世子孙追述，当然就是"祖己"。于省吾在《甲骨文字释林》一书中，最早提出卜辞中的"小王"就是"孝己"，他的一个理由，便是"小、孝音近字通"。陈梦家在《殷墟卜辞综述》一书中，也如是说"孝己于卜辞称小王，他当是选中为王而未及即位，即已亡故"。

作为孝子的"孝己"，在先秦典籍里就出现了，当时就有"孝己爱其亲，天下皆欲以为子"的说法。有人说他像曾参那样，是个孝的榜样，但曾参的孝，充其量有那么点伦理价值，谈不上有多大的历史意义，与"孝己"之孝岂可同日而语？如果我们用一把儒家特制的"大学"的尺子——"修身齐家，治国平天下"来衡量，那么曾参之"孝"，尚属于"修身齐家"的范畴，而"孝己"之"孝"，作为立国之本则为"治国平天下"奠基。

可先秦诸子，几乎就没人从立国之本上来谈"孝己"的孝，他们乐道于诸如《尸子》卷下这样的说法："孝己事亲，一夜而五起，视衣厚薄、枕之高下也。"还有，就是像《庄子·外物》篇那样，专门指出"孝"的悲剧性："人亲莫不欲其子之孝，而孝未必爱，故孝己忧而曾参悲。"只有《荀子·性恶》中提到了"孝己"之孝所具有的政治文化的意义："独厚于孝之实而全于孝之名者何也？以綦于礼义故也。"不过，墨家似乎从未提到过这位作为世袭制的道德本位的"孝己"，这或许是与墨家主张"尚贤"反对世袭制有关。

到了先秦诸子时代，"尸祭"早已成了过去式，就连孔子那样的"克己复礼"之人，也只能"祭如在，祭神如神在"了。那时礼崩乐坏，很可能就崩掉了周礼中的"尸祭"那一套，不光商以来的人牲和杀殉停止了，就连用人俑陪葬，也被孔子骂作"始作俑者，其无后乎"！所以，"孝己"于"尸祭"中所表现的悲剧精神，随着春秋时代人性的觉醒和人性论的普及，反而变得更加难以理喻了。经过"尸祭"死而复活救赎国体的悲剧王子，在新兴的史官文化和历史传说中蜕变成宫斗剧里失败而死的悲情王子。关于"孝己"之死,流行的说法来自《孔子家语·弟子解》:"高宗以后妻杀孝己。"接着,皇甫谧《帝王世纪》也这样说:"初,高宗有贤子孝己,其母早死,高宗惑后妻之言,放之而死,天下哀之。"

好在还有司母戊大鼎在,使我们可以不太在乎那些流行的说法,而去关注在鼎上的那个死而复生的标志,去缅怀那颗一度被祖先还魂而成为国体象征物的头颅。因了"尸祭"而有这鼎,那头颅,便是这鼎的主人,他没有将这鼎献给父王,而是奉献于母亲。在鼎上,他留下了母亲的尊称"司母戊",甚至没以父王的名义。若以父王的名义,那就应该称"妇妌"或"司戊"。可见他的孝,作为立国之本的孝,指向了母亲而非父亲。这也许是他未能继承王位的原因,但他所做的安排,却可与《诗经》里那一句"天命玄鸟,降而生商"相印证。也许祖宗的灵魂就以"玄鸟"的姿态进入他的头颅,寄居于死而复生之尸,附体于他之身,使之不仅代表自己,更代表祖先神,他以祖先神的名义命名了"司母戊"鼎。

后来,他的弟弟祖甲,也被选作"尸"。"尸祭"的标志,就保留在从妇好墓中出土的"妇好钺"上。值得注意的是,代表国体的神器,由鼎改为钺了,这等于宣告了立国之本的转移。以鼎立国,意味着以农为本,以粮为纲,改为以钺立国,就变成以戎为本的先军政治了。我们通常所说的"国之大事,在祀与戎",并非历来就如此。汤之时,国体初立,国制待成,那时"国之大事,在祀与农"。汤为民祈雨,捐躯于天,就反映了"在祀与农"的立国之本。我们在司母戊鼎上看到的"尸祭",还是"在祀与农"的继续,从卜辞来看,妇妌的贡献,在于农业,"孝己"献鼎于母,就表明了孝以母为本和国以农为本的思想。

从武丁晚期开始,立国之本发生了转变,"国之大事"从"在祀与农"转向"在祀与戎",这是国家在走向王朝的过程中,逐步地将王朝的本质开显出来。以农为本，几乎适用于所有的国家，而以戎为本，则是走向王朝国家的必然。国家观念从文化认同走向权威认同，国家形态从经济共同体走向军事共同体，从"民以食为天"走向"马上得天下"。

这一切，都包含在武丁晚期的国家转型里。"孝己"，就成了国家转型的牺牲品。武丁在妇妌之后选择了妇好，就体现了国家转型的要求。妇好，是中国历史上第一位能征善战的王后，武丁对她的要求，不是农业生产，而是战争，以战争开疆拓土。对于王位继承人的要求也随之发生了改变，从"孝己"转向祖甲，"孝己"在转型中，抑郁而终。

可祖甲，一如"孝己"之于"孝"，他笃守着"悌"，当武丁要让他继位时，他却认为，兄长还在，不应僭越，因为世袭制有两条要求，他虽然符合了父死子继一条，却违背了兄终弟及一条。于是，他出走了，让祖庚登基。数年后，等到祖庚也死了，他才按照兄终弟及的世袭制的原则，登上了王位，在位三十余年，步武丁后尘，重启晚商盛世。

从"妇好钺"上，我们看到了鼎与钺的明显不同，不仅结构和功能不同，还发现了一处命名方式的不同，以及命名方式背后所隐含的政治路线的分歧。"妇好"，是祖甲以父王的名义命名的，而"司母戊"，则是"孝己"以儿子的名义命名的，这说明，在国家转型中出现了两条路线，一条是妇妌的"农本"路线，还有一条就是妇好的"戎本"路线。武丁认可的，便是妇好代表的"戎本"路线，所以"妇好钺"命名，就用了武丁的名义。

有商一代，是王朝中国的形成时代，其过程，大致可以分为两个时期。一是从汤到武丁的时期。这一时期，又分为两阶段，汤阶段的国体初立和武丁阶段的国制形成，它们是这一时期最重要的两个政治成果。二是从"孝己"到祖甲时期。这一时期，重在国家伦理精神的觉醒和立国之本的转型。至此，王朝中国终于完成了从国家观念到国家形态、从国家制度到国家伦理、从立国之本到立人之道的建设。尤其是"孝"和"悌"的出现，不仅是世袭制要求的必然，而且超越王朝中国的制度安排，成为中国人道主义和人文精神的本源。

司母戊大方鼎，高 133 厘米、口长 110 厘米、口宽 79 厘米，重 832.84 千克，河南安阳武官村出土

"司母戊"更能体现王朝中国的制度化特征，"司"同"嗣"。"嗣"是跟世袭制相关的一个字，而世袭制，便是王朝中国的根底。这件鼎，就立在王朝中国的根底上，成为王朝中国的象征。王朝中国的主要功能在于，"国之大事，在祀与戎"，这件鼎，足以证其"祀"的功能，体现了国家以粮为纲、以农为本、以解决吃饭问题优先的一面，这一面，正是禹、汤以来的一个传统，即"国之大事，在祀与农"，有如杜岭方鼎。不过，在

司母戊方鼎耳

司母戊鼎上,"祀"已有了改变,出现了"二虎食人头"的"尸祭"的图式,这是杜岭方鼎上没有的,这一图示所表明的,便是世袭制的到来,它告诉我们,自汤革命以来,经过盘庚迁殷,到了武丁时期,世袭制的王朝中国终于完成了。同时,武丁还开始了从"国之大事,在祀与农"向"国之大事,在祀与戎"的转变,这一转变,是在武丁的儿子祖甲时期完成的,集中反映在那柄"妇好钺"上。

妇好钺，河南安阳殷墟妇好墓遗址出土

妇好钺上，也出现了那个"二虎食人头"的"尸祭"图式，那也是世袭制的标志。但钺的形制与功能均不同于鼎，鼎为食器，钺为兵器，一是吃饭用的，一是战争用的，从鼎转变为钺，不仅是器物形制的转变，更是一次政治路线和基本国策的转变，从先农政治转向先军政治，战争越来越成了国家的本质，国家越来越像个暴力机器。上古立国，有三本：神本、民本、王本。三本之中，神本优先，反映在"国之大事"里，就是那个"祀"；然后是民本，鼎之立，表达民生，民以食为天，鼎乃食之重器，故为国本；继而以钺，转为王本，以兵戎立国。近代以后，政教分离，有"戎"无"祀"，只要"枪杆子"打天下，所以"国之大事"就从"祀与戎"转向"财与兵"了。武丁时期，尽管发生了立国之本的转型，从"农"转向"戎"，但还有个不变的，那就是"祀"。从这块牛肩胛骨上的武丁卜辞我们可以看到，商朝的政治文化里已经有了一个关于神的叙事和信仰体系。

司母辛方鼎，通高 80.1 厘米，口长 64 厘米，河南安阳殷墟妇好墓出土，中国国家博物馆藏

司母辛方鼎的铭文和纹饰拓片

牛肩胛骨卜

晚商武丁时期的牛肩胛骨卜，高25厘米，宽15厘米，刻有23个字，记载了方神和风神。商人认为，天帝将天下分为东、西、南、北四方，每方各设置一个统治神，称之为方神，方神下设风神，是天帝的使者，风神云游四方，传达天帝的命令。

妇好方尊，高 43 厘米，口长 35.5 厘米，河南安阳殷墟妇好墓出土

第 2 章

文化中国的
延续与天下观

01

家国中与西

—— 国家伦理观与天下伦理观

黑格尔指出，伦理精神的发展有三个阶段：家庭—市民社会—国家。

最初的人，是在家庭中参与伦理生活，实现自我超越，从而获得一个属于自己的命运实体，那就是"家"。而市民社会，则是对"家"的否定，成长起来的个体，必须走出家庭，走向"家"的反面——社会，去追求个人权利，"为寻求承认而斗争"。斗争中，伦理似乎丧失了，宗教起而代之，信仰救赎伦理，教堂取代家庭，而有了超越自我的新目标。当否定之否定到来时，国家伦理又凸显出来，在国家伦理中个体成长为国民。

黑格尔认为，唯有国家，才是伦理精神的最终实现。国家高于个人，个人成为国家的一员，方能重启伦理，并以此获得客观性和真理性，只有在国家中，个人的自由才得到了终极的肯定，他宣称，他的哲学是与公众有关的存在，是纯粹为国家服务的。

这样的国家理念，看来与中国传统儒家的家国情结有相似处，都是主张从家到国。但有所不同的是，在黑格尔的"家国三段论"里，家与国之间，还有个市民社会，而儒家的国家论则直接以家为原型，君父一体，家国一致。但，国非终极，国的后面，还有个天下，儒学不满足于国家，没有把国家作为最高的存在，而是要把国家发展为天下。

在天下观里，有一个中国式的二律背反，那就是既要严防华夷之辨，还要追求天下为公和人类大同。这样产生的裂变，反而使国家丧失了目标和方向，究竟要自我中心，以天朝自居，视他者为夷，与世界为敌，还是四海为家，天下为公，人类大同？

如此分歧，导致两个在内涵上并不一致的中国，欲前者，形成了一代代王朝和一个个王朝中国；求后者，则出现了高举"吾道一以贯之"的"为天地立心，为生民立命，为往圣继绝学，为万世开太平"旗帜的文化中国，儒家思想把这两个中国绑在一起，在肯定现实的君主专制的前提下，又为君主专制提供了"致君齐尧舜"的尧舜之国的理想。

这两个含义的中国，一个是基于现实满足于夺取政权和巩固政权的王朝中国，另一个则是充满理想散发着王文化光芒要为人类谱写大同篇章的天下观里的文化中国。

本来，一代王朝的正当性来源于文化中国，可王朝中国在以文化中国应了所谓"天命"以后，就把文化中国束之高阁，投向未来了。在国家制度的层面上，文化中国从来就不是个正在进行时，从未产生过能够制约权力的制度化力量。它只是在一代王朝受命时，才被王权拿出来作为王道摇旗呐喊，并以道统自慰一番。也许，它对于作为王权政治基础的士人阶层有意识形态的影响力，对于士人的政治理想能够产生启发和引导作用。但它的前提显然有误，谁能从"君君臣臣父父子子"的三纲方程式里求得天下为公人类大同的解来？

理想与现实，就这样分裂了，在古代君主专制王朝的现实里求人类大同的解，当然行不通。这样一道历史的难题，中国儒家思想解了两千多年，从天理解到人欲，从吾心解到宇宙，从天听民听一直解到圣王合一，从圣人革命解往天下为公，自以为得了两个政治一体化的正解，一个解是人民价值论，另一个是圣人革命观。以此两解，化民可也——"春风杨柳万千条，六亿神州尽舜尧"岂非如此耶？然而，以之改制，却行不通也！近人康有为著《孔子改制考》正是有鉴于此，而梁启超为王安石立传，则已知改制必败且不可行也。

孔子死后，儒分为八，形成主流的，有孟、荀二子。荀子立王制，孟子行王道，一个注重现实，一个追求理想。年代上，孟早于荀，且为儒门亚圣，但荀学用世更早，并与王制相始终，以至于谭嗣同叹曰：两千年之制，秦制也；两千年之学，荀学也。秦制出自商鞅，然以荀学扶持，何也？盖因荀子王官之学，虽立于礼，却由礼而法，引法入儒。

然其弟子韩非，则改弦易辙，弃礼从刑，援道入法，居然认同君主为天道的化身，而说"君道同体"。且以道生法，君立法，术势用法，把个宇宙基本规律，做了君主专制法术势的专利。秦崩汉继，虽未改制，但汉以荀子王官新学采纳秦法术势以及诸子百家，开出汉家"礼法并用、王霸共举"的政治路线。荀学之于先秦诸子本就晚出，故能知各家长短，兼容并包。适逢汉初大一统，欲以一家王官之学兼并百家言，故荀学能乘势而起。

其时"独尊儒术"，亦自有分别，其所"尊"者为荀学，而非孟学。儒门分野，大体而言，荀学是立制的，孟学是改制的。汉注唐疏，皆代王制立言，宋儒转型，以义理之学发明孟子，转为改制立言。故王安石变法而立"新学"，朱熹以《四书》并《五经》，都是孟学复兴，在这一次儒学的回光返照中，孟子超越荀子，成了仅次于孔子的亚圣。

汉学高举孔子，宋学追随孟子，作为汉学标本的荀学，那时，却被孔子的光芒笼罩了。"独尊儒术"，要尊的第一号人物，当然是孔子，孔子未立，谁敢立？怎么也轮不到比徒子徒孙还晚的荀子。但汉学里，"阳儒阴法"的王制线索，却是荀学埋伏的，与之相应，"尊孔读经"的王道格局，也是荀学提倡的，而当时之"经学"，其实就出于荀学。

宋学兴起时，形势迥异，自汉至宋，荀学起伏已有千年，利与弊已然尽显。其间，又有玄佛、庄禅并举，宋儒必须回应，而有所谓"朱陆异同"，相对犹如荀孟。

朱子"存天理，灭人欲"，好似荀子"化性起伪"，还是"人性恶"的翻版。陆子"吾心"说，则由孟子"人性善"及其仁义礼智"四心"发展而来，加以"万物皆备于我""上下与天地同流"，我们便接通了陆子"吾心即是宇宙，宇宙即是吾心"的水源头。

虽然都打着孟子的旗帜，但宋学内部，又产生了"新荀孟"，朱、陆异同之于国体，便形成了新的立制派和改制派。朱学趋于立制，乃"新荀"之继往，继为王官新学统；陆学向往改制，为"新孟"之开来，开出民间新思想。明朝朱元璋尊朱弃孟，立朱子之学为王官新学，视孟子"民贵君轻"和"诛一夫"如寇仇，盖因历代所奉，都是改朝不改制，故"新孟"之学难在朝廷立足，却在民间发展出与"程朱理学"相对立的"陆王心学"。

立制派，立的是君主。朱子立制，并未超越荀子，去创建所谓"制度新学"，而是为旧制提供新的合理性阐释和合法性依据，以新学维新旧制，以此回应玄佛、庄禅以及三教合一的挑战。那么，改制派又如何呢？改的自然也不是君主，而是回到"原君"。

中国传统国家观念及其制度由来，非经由市民社会，乃缘起于家庭；有市民社会，才会产生社会契约论，只有在对社会契约的认同中，才会出现君主立宪。契约精神，不可能在血缘关系中产生，父母子女之间，慈孝而已，何来契约？所以，黑格尔说，市民社会是对家庭的否定，而契约，便是对血缘关系的否定。然而，中国传统从来都不曾直面这样的否定，而是求得其中的统一性。孔子说"吾道一以贯之"就是这个意思，国是家的"一以贯之"，君是父的"一以贯之"，忠是孝的"一以贯之"。在这样"一以贯之"的思维里，很难想象由父父子子延伸过来的君君臣臣能形成契约关系，一脉相承，而又顺理成章的，应该是以父子为原型的君臣关系。

以此确立的家国观念及其制度，基本上也就与立宪无缘。

既然如此，那么改制从何谈起？儒家多从三代谈起，谈到先王之道上去。孔子谈周公，孟子言汤、武，到了黄宗羲，就谈到了国家起源的"原君"。虽说还是"祖述尧舜"，但毕竟已到了明末之时，问题已不局限于儒家传统，而是直通国家起源的正当性。

黄宗羲看尧、舜、禹，看的不是禅让，而是以自我牺牲来"兴天下之利，除天下之害"。这样的"原君"，不仅后世没人愿意做，就连同时的许由之流也避之唯恐不及。许由不受禅让，并非如后人所想象的是"让天下"，没那么高雅，其实是不愿担当需要自我牺牲的苦差，就如同今人逃税、逃兵役一般，他们宁可躲起来，因为"原君"太苦了！

中国儒家思想，虽然也像黑格尔说的那样，以国家作为伦理精神的代表，以"三纲五常"为王朝中国伦理精神的集中反映，却不认为国家是伦理精神的最终实现。因为国家后面还有个天下，在国家观伦理的后面，还有个天下观伦理，其精神实质并不一样。

所谓"国家观伦理"，就是以国家为最终目标的伦理，国家精神就是最高的伦理精神，是绝对精神的伦理化存在。而"天下观伦理"则以天下为公和人类大同为目标，是超越了"治国"阶段的"平天下"伦理，其根本有两条：一条是"人民价值论"，也就是人们常说的"天下者，人人之天下""得民心者得天下""天听自我民听"等；还有一条，便是"圣人革命观"，如"汤武革命顺乎天而应乎人""革命是历史的火车头"。在"天下观伦理"中，正如黄宗羲《明夷待访录》所言，是"天下为主君为客"，非君主论，乃君客论。

但凡制度，无不基于"主－奴结构"的原型，而有一种制度化的恶。如果把制度化的恶，放在了人性善的基础上，尚能以所谓"仁政"的理想来救赎，或以"礼义"的范式来约束。若是碰到了人性恶，以恶用恶，就会使恶最大化。用人性恶"打天下",或能从你死我活的战争中解放人的思想,放开人的手脚,摘得胜利的果实。若用之于"平天下",便如秦并六国后继以"攻民""弱民",如孟子所谓"率兽食人",而为"独夫"。

"独夫",是专制制度的尤物,是"使人不成其为人"的反人类和反伦理的怪胎,不能代表君主制治国理政的平均数,也不能取代民本主义作为"平天下"的政治公分母。在古代君主专制制度里,我们常见的不是"独夫",而是"阳儒阴法"的君主。

02

天下皇与帝

——通往公天下还是家天下

儒术"应帝王",立制派以"阳儒阴法"来"应"之。

而改制派,则欲扫除"阴法",一儒到底,完成"独尊"。

当汉承秦制,即便汉武帝"独尊儒术",仍以"霸王道杂之",那"霸道",也就是"阴法",而"王道",则为"阳儒"。"阳儒",是王权的意识形态,而"阴法",则是国家的制度安排。可儒学的短板,恰恰就在于建制,虽然有那么一本《周礼》作为制度大法,提供了理想的政治样式,但是,如果真要照着那蓝图来施工,却多半行不通。

历史上,就有两个用《周礼》来变法改制而终归于失败的例子。

一个是新朝王莽,另一个是新学王安石。若谓王莽尚有以禅让为名行篡权之实的嫌疑,那么王安石则是标准的《周礼》信徒,结果,毫无例外,都是两个字:失败!用《周礼》改制,可以描绘理想的王道宏图,但改变不了现实的王权政治,民本主义可以作为王道的旗帜高高飘扬,却不能以制度化的方式在王权政治里生长。也就是说,它也不可能在制度方面对王权政治有所改良,只能对王权提出道德要求,对政策表达仁义期望。但是,你若以为王道理想不过尔尔那就错了,它还给王朝中国留了致命的一手——革命。

革命，是圣人事业，不是谁都能做的。《山海经》里蚩尤、共工挑战黄帝一系，那是造反，不能算作革命，唯汤武之于桀纣，救民于水火，才能算作革命。

可造反本与革命相通，差别在于，造反是自由意志的挥发——自发的，革命是人道主义的觉醒——自觉的，从自发的转向自觉的，要讲个天命、天道什么的。

若谓"治国"为君王政事，那么"平天下"就是圣王道业；若谓君王惯用"阳儒"和"阴法"两手治国，那么圣王则以"改制"和"革命"的两手来"平天下"。

"改制"和"革命"，应发自人道人心，当基于民生民命，向天人古今四个维度，都张开了愿景："为天地立心，为生民立命，为往圣继绝学，为万世开太平。"

此"四维"者，一是立人，二是立民，三是立圣，四是立太平。

立人是个体维度，人为天地之心，故以"立心"言之，立于自我，则为"吾心"。立民是群体维度，其实也就是立国，国以民为本，"天听自我民听"，故立民以为天命，而以"立命"言之。这两个维度，就大体而言，属于天人范畴，还有两个维度，属于古今范畴，立圣乃古往，立太平为今来。立此"四维"，均以"改制"和"革命"两手。

几乎所有的王朝，都想居天下而为己有，都想以"天下为公"的名义，搞个"家天下"出来。这样看来，所谓"盛世"，便是一代王朝坐稳了天下的代表。有过盛世的王朝，国祚较长，一般都能活过两三百年，未经盛世的王朝，皆为过客，多夭亡。何谓天下？并非自然形态的地理单元，而是人文样式的天地之间，是历史形态的文化江山，是国与国互动的国际化的集合形态。可为天下之代表者，或以王权之国体，亦以王道之个体。当孔子放言"吾从周"，且以"王正月"定《春秋》时，那便是他以王制——

周礼做了天下的代表。当后人推尊孔子为"万世师表"时,那便是把文化个体性的孔子当作了天下的代表。

凡代表者,皆以文,而非以武。三代之时,"文命戎禹"以文,孔子以"郁郁乎文哉"称周亦以文,其"祖述尧舜,宪章文武",至于他本人以六经六艺集上古文教之大成,那就更是以文了。或曰,秦皇、汉武,其文治武功,可为天下代表乎?非也!

何以言之?那就不单是"略输文采"的差距。如始皇帝者,从未被天下真正接受过,当其如日中天时,便有"三户亡秦""彼可取而代也"之声不绝,更有"图穷匕首见"之荆轲当下舍命一击;如汉武帝者,太史公作《史记·今上本纪》唯以封禅和游仙言之,连"治国"都不提,遑论"平天下"了,更何况还留了一篇"罪己诏"传世。好在汉武帝之前,尚有个"文景之治",祖孙三代凑合起来,还像个"盛世"的样子,也就不至于短命。

"平天下"不是"打天下","打天下"是王权的勾当,要用武力。一如汉高祖所言,"乃公马上得天下",那口气,便是"打天下"的意思。而"平天下",则以文不以武,要得民心,"得民心者得天下",要不杀人,"唯不杀人者能一天下"。当年孟子这样说时,几乎没有人能听懂,统一天下,哪有不杀人的?如此问来,便是将"打天下"当统一。

按照孟子的说法,"打天下"不能算统一,"平天下"才算。孟子所说的统一,意思是不能靠武力,要靠文化,不能打打杀杀,以力服人,要能得民心,以德服人。

本来,"皇帝"二字,就兼有了"平天下"和"打天下"两层意思。

"皇"本义,就象形而言,乃头戴冠冕的王者,也可视为头顶日出之王。故《说文解字》曰皇从"自","自"就是王头上那闪闪发光的冠冕,或为天日之表,又曰"帝者,谛也,王天下之号"。《诗经》亦云"上帝是皇",由此可见,"皇"是王天上的,"帝"是王天下的。秦统一后,曾召集博士儒议秦王称号，那时就有人提出以"泰皇"为号，因为"始皇者，三皇"——天地泰中，"泰"为人极，本着人为贵的原则，而以"泰皇"为最贵。可秦王嬴政不这么看，"三皇五帝"中，"帝"虽不及"皇"，但比"皇"更接地气。秦王天上、天下两手抓，"皇"也要，"帝"也要，既要"君道同体"，还要"莫非王土"，天地都要。

"君道同体"，虽由韩非子提出，但真能体用不二者，也就那位"秦始皇帝"了。请注意，不是"始皇"，而是"始皇帝"。要秦王做"始皇"，那是博士儒的主张，要做"始皇帝"，才是秦王嬴政本人的愿望。所以，严格来说，应该称"秦始皇帝"，而非"秦始皇"。可史官文化的话语权在儒家的嘴上，尽管这位"始皇帝"又焚书，又坑儒，但话语既不能焚，也不能坑，照样那么流传，传下来的就是"秦始皇"，而非"秦始皇帝"。也许是前者念着顺口，后者念着别扭？可能有这方面的原因，但最重要的是，儒家没改口，一直这么叫，叫着叫着就叫顺了口，改都改不掉，至于那位"始皇帝"本人怎么想已无关紧要。

从"君道同体"的高度上，来看那"皇"字，就体现了君主与天道的同一性，为君主专制的权力提供了超越神、祖的正当性来源，并在现实政治中解决法术势操作的合法性问题，也就是处理好权力即真理以及统一思想的问题，用宇宙基本规律"打天下"。

这样"打天下"，就不是一句"乃公马上得之"所能表达的。但是，"君道同体"也要转型，不能老是用来"打天下"，要转到"皇"的本意上来，用来"平天下"。

秦欲"万世一系"，可"万世一系"的王朝，"打天下"只是开了个头，要想一代一代传下去，就要有"平天下"的诉求。也就是说，"打天下"的"帝"，要向"平天下"的"皇"转型。可那位"始皇帝"，一直以帝业为根本，以皇图为虚文，把个"皇"字，作为"帝"的形容词来用，当作光芒万丈的天体运行的标志，用来修饰那个人间的威权"帝"。本来应该作为最高目标出场，结果却做了初级阶段的衣裳，一个近乎完美的历史目的论的预设，终于沦落到为残缺的现状进行包装，王道"皇"与"帝"，多半也就这样收了场。

03

尊夏与从周

—— 把文化中国与王朝中国结合起来

易华在《夷夏先后说》的第二章里，讲述了"尧舜禅让：夷人的事故"。故事的主人翁，便是夷人的代表尧、舜，易华从《尚书·尧典》和《论语·尧曰》讲起，从儒家道统里，起了个有关"尧舜传说"的话头。紧接着，他又告诉我们，先秦诸子中"祖述尧舜"的，不光有儒家，还有墨家。他提醒我们，要提一下墨家。

如果我们真的要给尧舜之道续上一个道统，那道统，也应该是在墨家，而不是在儒家，儒家将尧舜之道打了折扣——削足适履，以之适应王朝中国的需要。

可以这么说，在先秦诸子的国家学说中，最有代表性的三派是儒家、法家和墨家。三家之中，法家是坚定的王朝中国派，墨家坚守着文化中国的理想，而儒家则在两者之间搞平衡，正如他们自己所说的，这叫作"执其两端而用其中"的中庸之道。

为什么说墨家最接近尧舜之道？我们来看看墨家的思想就会知道。

《墨子》一书，可以说是墨家思想的集中反映，其中《墨子·尚贤下》就提到了墨家的道统："尚欲祖述尧舜禹汤之道，将不可以不尚贤，夫尚贤者，政之本也。"

从这一番话中，我们可以看到墨子同孔子一样也是"祖述尧舜"的。不同的是，孔子"宪章文武"以示"吾从周"，而墨子则弘扬"禹汤之道"以表明其"尊夏"。

"尊夏"与"从周"，是完全不同的两种历史观。"尊夏"，尊的并非一代王朝，而是从夷夏到华夏的那个"夏"。那"夏"，尚未形成王朝，却被国家与革命并行的历史运势推动着走向王朝，代表国家的是禹，代表革命的是汤，他们都不是世袭制王朝里的君主。墨子将他们一概视为"尚贤"政治里的代表人物，他们处于王朝当立未立、方立未成之际，从根本上来说，他们还属于文化中国，而"从周"则已是属于王朝中国的事了。

"从周"，表明了一种王朝的立场，因为周是一个在制度方面近乎完美的王朝，这应该是孔子"从周"的理由，孔子赞美用了一句由衷的感叹——"郁郁乎文哉！"然，斯"文"何在？就在于"礼"。以"礼"立国，方能止戈；以"礼"立人，可见文明。国之于"礼"，周因于商，商因于夏，夏因于夷，而夷之由来，根系中土，祖宗于龙山，渊源出良渚，乃中土礼玉文明与西来青铜文化相结合的产物，是金玉良缘形成的国体和制度。礼玉文明青铜化，始于戎夏——齐家文化，经由夷夏——二里头文化，至于华夏——二里岗文化。其于王朝，则立于殷——殷墟，成于周，普及于春秋，至此，青铜世界体系便完成了。

青铜世界体系的完成，就因为得到了中国礼玉文化的认同，当然，你也可以说这是"世界潮流，浩浩荡荡，顺之者昌，逆之者亡"。但中国礼玉文化，显然不甘于仅仅充当"顺之者"，它不但是一个青铜文化普世价值的句号，而且加上了一个来自玉文化的"革命"的惊叹号，它还要在青铜世界体系中打上中国礼玉文化的烙印。所以，我们在青铜世界体系的完成中，看到的就不光是青铜文化在中国的进展，还看到了青铜文化向礼制文明的样式的不断改变，经过汤和武的两次"革命"，青铜时代的王朝中国终归于礼制。

礼制滥觞于良渚,普及于"从东南往西北"的良渚化世界,是文化中国形成的标志。青铜世界体系的完成,必须要有文化中国参与,王朝中国的实现,也必须以文化中国为根底,两个中国结合在一起,靠的就是礼玉文化的古制。这还不够,还必须经过殷、周两个朝代的"革命"的洗礼,二者才能合一。其分野在于,统治是王朝中国的事,"革命"是文化中国的权力,划分权界,并使之对接的那一套制度安排,看来莫过于《周礼》。

而《周礼》,应该就是"宪章文武"的产物。"文武",是指周文王和周武王,"宪章文武",就是将一代王朝建立在他们的"革命"理想——"宪章"上。然而,"宪章文武"的并非"文武"本人,而是武王的弟弟周公。周公以"革命"为周立法,然其所立者,未立于法,没走西亚《汉穆拉比法典》路线,而是立于礼,走的还是"祖述尧舜"的文化中国的礼制文明路线,再加上他自己"宪章文武"那一套,便形成了《周礼》。《周礼》作为周朝大宪章,确立了一个理想国度的文明样式,连孔子也忍不住要"克己复礼"。

孔子"梦见周公",其实,就是一个有关《周礼》的"吾从周"的梦境,青铜世界体系竟然在文化中国的礼制文明中完成,表现了中国梦的特征。我们看看青铜器上的那些纹饰,云雷纹、凤鸟纹、龙虎纹、饕餮纹等,哪一种纹饰不是中国梦的表情?再看看青铜器的器型,鼎、鬲、盘、簋、爵、斝、尊等,哪一种器型不出自礼制文明的主体性?

"国之大事,在祀与戎",青铜之于"祀"者,而为国之礼器,之于"戎"者,而为国之兵器。青铜之为兵器,乃西来之本;其于礼器,则由中国礼制文明赋予。对于礼制文明,若仅以"中国特色"言之,则未免轻薄,以"中国本色"自命,方为得体。

盖以"特色"言者,未知有"本"也,"本"之所在,即文化中国。

青铜世界体系，就其本体青铜器而言，起初，先有兵器和工具，这些都是西来的，以实用为目的。后来才有了礼器，是在青铜世界体系完成的终端才开始出现的。

从中国青铜器的器型上来看，礼器出自餐具、酒具、炊具等器皿，这显然是从"民以食为天"来的，是从与食物相关的民生实用功能转化而来的。从纹饰上看，可以看出那些毫无实用功能的图案与符号似乎得到了更多的尊重，这些"百姓日用"的用具，能作为"国之大事"的"祀"之礼器，就因为纹饰所具有的审美功能及其所包含的暴力美学意义。其于国家层面，表现为青铜化的意识形态——国家观念的图案化和国家制度的符号化。

作为国家形态的形式因，这些图案和符号，因其表达国家的本能而有政治上的优先性，叫作"先礼后兵"，不仅表现在外交上，更表现在内政上，尤其在涉及国家根本的"祀与戎"上。虽说是"马上得天下"，但谈到政治还是"礼治"优先，未闻有"兵治"。

祀与戎，礼与兵，都是一回事。礼器用于祭祀，兵器用于戎事，可为什么要"先礼后兵，先祀后戎"呢？那就跟王朝中国赖以确立的世袭制度有关了。在世袭制的安排里，礼起于祀，祀本于祖，认祖归宗的宗法制为王朝世袭提供了正当性的前提和权力合法性来源，有了祖宗撑腰，就拥有了古代国家起源的源头，还有什么比这更重要？王朝世袭制就这样被纳入礼制文明中，从宗法制到世袭制，从世袭制到君主专制，将两个中国打通关了。

羍鼎饕餮纹，商后期

殷商青铜器上的饕餮纹拓片

第 2 章　文化中国的延续与天下观

兽面纹鬲上的云雷纹，商后期

簋上的凤鸟纹，西周中期

人面纹青铜方鼎，商后期，器内壁有铭文"大禾"，饪食器

第 2 章 文化中国的延续与天下观

四十二年逨鼎及其夔龙纹波纹，高 51 厘米，口径 47 厘米，重 35.5 千克，西周晚期，陕西眉县杨家村窖藏出土，宝鸡青铜器博物馆藏

兽面纹分裆圆肩铜鬲，江西新干大洋洲遗址出土

四羊方尊,湖南宁乡炭河里遗址出土,中国国家博物馆藏

兽面纹假腹铜豆，江西新干大洋洲遗址出土

04

禹兼和汤兼

——有一种国家让世界充满爱

《周礼》的出现，标志着王朝中国全面进入礼制文明的新时期。

孔子"吾从周"，就是从《周礼》这一路来的，从"礼治"进入王朝中国代表的"宪章文武"，再从"宪章文武"进入文化中国代表的"尧舜之道"，这样的历史道路，是由周公规划而经孔子阐述的，所以，把它叫作"周孔之教"。墨子虽为孔子后学，却未响应"周孔之教"的号召，他直接迈过了"宪章文武"的周王朝，穿越到禹、汤之间的那个夏，以华夏的诞生作为他的国家观念的起点，"尊夏"就是守住文化中国的底线，从文化中国的底部，通往"尧舜之道"的高端，虽然都是"祖述尧舜"，但孔、墨立场不同。

孔子从现实出发，站在王朝中国的立场上，通过"宪章文武"，进而"祖述尧舜"，以此开启了后来儒学所谓"道统"。而墨子更富于理想，他要"宪章"的，并非周王朝的"文武"，而是王朝中国之前的"禹汤"，禹始立国体，汤首创革命，他要回到国家与革命的源头上，重启"墨家新中国"。墨子的"新中国"，跟已经形成的王朝中国不一样，周王朝"宪章文武"，他要"宪章"的却是"禹汤"，禹、汤之间，他更看重禹，因为禹之行事有三，皆与国家兴起有关。其一，禹以治水规划国土，而有《尚书·禹贡》

天下；其二，禹铸九鼎以立国体，而成"九州"国家；其三，"禹兴于西羌"，而为中国设国防。由此可见"三民主义"滥觞：治水，若民生主义方兴；立国，如民本主义始发；兴羌，似民族主义萌芽。

墨子"尊夏"，墨学尚禹，"尧舜之道"多反映在墨子的思想里。

从《墨子·尚贤》里，我们看到了禅让制遗存，不光君主对于臣子要选贤用能，国家对于君主也要任人唯贤，不能任人唯亲，唯贤，是禅让制遗风，唯亲，是世袭制必然；从《墨子·非攻》里，我们看到了那个玉帛古国的回光返照，墨子反对一切对外侵略的战争——非攻，但他决不非守，面对入侵，但凡有可能，他都要带着他的弟子们参与反侵略的防御战争中，由此而形成了一整套防御的兵法。《墨子》书中，对于守城装备使用及其相应的战术配套有专门介绍，原有二十篇，今存十一篇《备城门》，囊括了冷兵器时代的守城术。

以此，我们又联想到了"禹兴于西羌"的那些传说中的往事，当年，禹能在天山南北以及河西走廊狙击东进的雅利安人，除了用文化中国同化外，很有可能就采用了类似《备城门》那样的"非攻"兵法。墨子虽然像孔子那样"祖述尧舜"，却以夏禹为墨学的祖师，就如同孔子"梦见周公"将周公作为思想来源一样。禹与周公，都是集大成者，禹为文化中国集大成者，周公是整合王朝中国与文化中国的集大成者。墨子尊禹，其人品和学品皆似禹，以实学实业求真知真理而成禹墨之学，孔子则因周礼而尊周公立周孔之教。

禹之路，是一条重启通往"夏禹之国"的历史道路，是沿着"尧舜之道"继续前进的文化中国的转型之路，墨子没有"吾从周"，而是否定了殷、周以来的王朝中国的历史道路，当春秋礼崩乐坏时，他回归夏禹之原点，反思着"禹的新中国"究竟是什么？它会是后来那个王朝中国吗？如果不是，那么它应该是怎样的国家形态？禹本人的想法如何，我们已无从知晓，但墨子是怎么认为的，还可以从《墨子》书中探讨。前提是，我们必须确定"禹墨同源"，这样，我们就能从《墨子》阐述的思想里，看到禹时代的反光。

从《墨子》反光镜里，我们所见禹的映像，虽然难免有点走样，但还不至于都失真了，禹的遗迹，还是可以从历史的反光中，依稀分辨出来，比如说，"禹的新中国"，从《墨子》中反映出来的，便是个"兼爱"的中国，是用人类的普遍之爱来缔造的，而非以基于血缘的宗法之礼来确立的。尽管，孔子后来于礼制中纳入"仁者爱人"，那也是用了礼教的尺子来衡量"爱人"，是在"克己复礼"前提下，合于礼教规范的有节制、分等级、论远近的"爱人"，削了"尧舜之道"里人类博爱的天足，去适应王朝专制之履的需要。

但不管怎么说，孔子毕竟在没有"爱"的地方，注入了那么一点"爱"，使得专制多少有了些人性的色彩，我们不要指望孔子能在王朝中国里"让世界充满爱"。

"让世界充满爱"——"兼爱"，那是文化中国的理想，不可能在王朝中国里得到充分表达，孔子在现实与理想之间行中庸之道，一方面让文化中国的理想适应君主专制的需要，另一方面又为君主专制确立了文化中国的目标，为达目标，还设计了一条"致君齐尧舜"的内圣外王之路。大一统，不光表现为君主专制和中央集权的政治大一统，还表现为儒家帝王学中政统和道统相统一的圣王大一统，更有两个中国——王朝中国与文化中国相统一的"治国平天下"的大一统，进而走向溥天之下的"天下为公，人类大同"。

经此一番大一统的改造，来自西方文明古国的国家形态完全被中国化了，但其核心却被保留下来，一是国家的王权属性——王朝制，二是国家的暴力属性——军国制，三是国家的血缘属性——世袭制，这些都是法家特别强调的，而儒家则围绕这三位一体的核心进行政治文化大一统包装，所谓"阳儒阴法"，其根底就在于此。法家从不谈"爱"，唯有恨，因为恨能将国家的暴力属性发挥到极致，这有利于打天下。但国家也不能没有"爱"，一个没有"爱"的国家，谁会去"爱国"呢？于是，除了有对外秘而不宣的"阴法"，还得有对外高调宣扬"爱"的"阳儒"，提供一套从"爱人"到"爱国"的"爱国主义"。

这样的"爱国主义"，它有一个前提，那就是"忠君"，儒家传统很难将"忠君爱国"分开，在"忠君爱国"的排列中，"忠君"显然比"爱国"重要，"爱国"反倒要退而求其次了，这当然是由王朝中国的国家属性所决定的。其中，有两个转换的环节成了关键，第一个转换，从"爱人"到"爱国"，其间并无必然的关联，须以民为国本，经由"爱民"转换，才与"爱国"串联；第二个转换，从"爱国"到"忠君"，本来也无关联，"爱国"可以"忠君"，也可以不"忠君"，如何使得"爱国"必然转向"忠君"？关键在于，君要向"君父"转，民要向"子民"转，再通过移孝做忠的转换，就成"忠君"了。

怪不得孟子要说"墨子兼爱是无父"了。读《孟子》，每读到这句话，我们就堵塞，未能明白此话的真正含义，心想，"兼爱"怎么就会"无父"呢？两者根本不搭界呀！现在懂得了，原来孟子那话，并非都针对墨子父亲而言，而是冲着国家层面的"君父"来说的，用"君父"这么一解就通了。往"君父"一靠拢，爱就向着王权主义转化了，由同化而异化——与王权同化导致爱的本质的异化。而墨子的"兼爱"，则走出王朝，拒绝异化，他要拆掉"爱有差等"的王朝中国的等级篱笆，回到夏禹时代的"兼爱"："爱国"不能爱一国，还要爱别国；"爱家"不能爱一家，还要爱他家；"爱人"不能只爱自己一人，要爱所有人……不光人人相爱以立人，还要国国相爱以立国，总之，要"让世界充满爱"。

这就是"兼",字之原形,乃"一手执两禾",在"执两"上,与"仁"相似,但"仁"以二人,故须"执两用中",而"兼"以二禾,如农作田,必分稻与稗,分而治之,故无须"用中"。稻者,民生之利也;稗者,民生之害也;"兼"者,如墨子所言,也就是"兴天下之利,除天下之害也"。而"兼"之代表人物,夏、商、周各居其一,即夏禹、商汤和周文王,在《墨子·兼爱下》里,就提到了"禹兼"、"汤兼"和文王"兼"。

墨子所言"禹兼"有二,一为治水,这是"兴天下之利",二是"征有苗",也就是"除天下之害",墨子叹曰:"即此禹兼也;虽子墨子之所谓兼者,于禹求焉。"

墨子言"汤兼",则以"天大旱",汤罪己,欲献身以救世,曰:"万方有罪,即当朕身,朕身有罪,无及万方。"墨子喟然而叹曰:"'汤贵为天子,富有天下,然且不惮以身为牺牲,以祠说于上帝鬼神。'即此汤兼也。虽子墨子之所谓兼者,于汤取法焉。"墨子从"汤兼"那里"取法"了什么?我们先来看"汤兼"了什么。观其所"兼",在民与神,其欲以一身担当"万方",将自我奉献于"上帝鬼神",即为墨子"取法"。《墨子》中有两篇言及"上帝鬼神",言"上帝"以《天志》,言"鬼神"以《明鬼》,这两篇的题目,乍一看,就使我们联想起良渚文化里玉琮上的那个神徽,《天志》和《明鬼》可以说是有关良渚神徽的"经说",我们从那神徽里可以看到"上帝鬼神"的原型,体认"天志明鬼"的原旨。

05

中国的选择

—— 王朝中国是文明古国的改良版

我们认为,"遂公盨"确如李学勤所言,可以为真。

我们相信,那盨上的铭文,就是有关禹的最早的文字。

孔子说"惟殷先人有册有典",但殷人的典册里,却没有留下一点对禹的纪念。这样说来,便显得殷人太小气,因为周之于商,就没有全盘否定。

周人所谓"汤武革命",其中之"汤",就是殷人之祖和商的先王,周不视为敌人,反而当作榜样,就没见其小肚鸡肠。那么,殷人究竟为何言不及禹?

原因种种,最重要的恐怕还是时势,是夷夏相争的大势使然。

对于"夷夏相争",通常,我们都会认为,这是夷与夏之争,比如傅斯年等人,就是这样认为的,其实不然,这中间还有一条界线,分出夏以后和夏以前。

以傅斯年为代表的现今流行说法,适用于夏形成以后的"夷夏相争",而我们在此要指出的是,如此说来,是为三代的历史起头,还未能深入古代国家的起源。也就是说,在夏形成以前,还有个"夷争为夏"的阶段,被他们忽略了。所谓"夷争",是指"东夷"与"西夷"争,本来就有个"从东南往西北"的良渚化世界,由于青铜时代的到来而裂变,在文化认同的基础里，加入了青铜文化要素，导致了东西方文明冲突，本土夷人遂亦分裂为"东夷"和"西夷"。"东夷"和"西夷"争夺中心地带，便是"争为夏"了。

"夏"为中心，中心之地即为中原，中原之国便是中国。"东夷"和"西夷"争，争的就是中心之地——中原，就是中原之国——中国，这就是"争为夏"。

"西夷"，以齐家文化为代表，既是地理位置上的西方之夷，又是在中国开了青铜文化先河的西化之夷，是他们率先挟着青铜文化的世界潮流，高举国家观念的旗帜，进入中原，以"夏"自居，吹响了王朝中国的号角。对此，"东夷"先是相让，如禹欲传位于皋陶、伯益，二人皆推辞不受，后世之人以让贤目之，视为清高，实则，已是道不同不相为谋，与尧传位于舜、舜传位于禹之时，不可同日而语，故避之而不与禹争。但禹的"新中国"究竟为何？读史不察，便以为是后来的王朝中国，被历代史家一笔带过。

中国历史学家多半不知此前还有个文化中国，把尧、舜、禹的故事仅仅当作传说，当作后世政治理想——"致君尧舜上"的寄托。所以，儒家把"让贤"说成德行，而非"选贤"的国体要求，法家更有过之，根本就不承认有"让贤"一说，认为"让贤"不过是篡位的一种说法而已。只有墨家坚信，尧舜禹"让贤"，乃国体"尚贤"使然。

到了启承"夏"位，而为夏启之时，"东夷"便与"西夷"相争了。

《竹书纪年》说"益干启位，启杀之"。此说，虽然未必靠谱，但较之所谓"舜囚尧，禹囚舜"等说法，似乎还能说得过去，因为启、益之时，正是"夷争为夏"的时代，新生代已无祖辈和父辈的尚贤与禅让风，他们更喜欢"竞于智慧，争于气力"，开始了"争为夏"的新风尚，表现为伯益与夏启争、后羿与太康争、汤与桀争三个阶段。

第一阶段，启占上风，而为夏启；第二阶段，夏太康失政，夷羿取之，而又自乱，遂有少康复兴，此时，东夷和西夷相持，进入兴衰交替；第三阶段，是决定性的，汤以革命伐桀，结束了"夷争为夏"，使得夷夏中国开始转化，"夷"转化为"华"，中国还是那个中国，却发生了从夷夏到华夏的转变，汤以革命立华夏，进入华夏中国新阶段。

然而，尧、舜、禹一脉，至禹而终，禹为一转折点，三代一脉夏、商、周，从夷夏中国到华夏中国，汤为一转折点，殷周之际，文武革命，周公又为一转折点。汤一转，以革命开创了王朝中国新局面，而周公一转，又开启王朝中国以民为本的天下观。

汤武革命与周孔之教，自始至终，成为贯穿三代历史的一条主线。

"东夷"和"西夷"，在三代的历史发展中一体化了，那一体，就是"华"，夷变为华，华人所在之地、所居之国，即为华夏。从此，开始了新的华夷之辨，进入"夷夏相争"的新阶段。夷，被排挤到四方的边缘地带，变成四方之夷，因地域不同而有不同称谓，东曰夷，西曰戎，南曰蛮，北曰狄。而夏，则必居于中华，为核心，占据中央高地，立定中原根基，开出中国格局。夏与四夷争，在文化上以"中华"自居，在政治上以"中国"自居，在地理上以"中原"自居，这就形成了世界文明古国中的中国政治文明的样式。

"中华"基于文化认同，"中国"基于政治认同，"中原"基于地缘认同。这三个认同，构成了中国传统政治文化的基本面，而此基本面的形成，就始于夷争以夏，继以夷夏相争，终于华夏已成，完成了从玉器时代向青铜时代、文化中国向王朝中国的转变。

禹以青铜立国，带来了反映青铜文明本质的君主制的国家理念，但他同时又坚持了尧、舜以来的传贤、选贤、让贤的禅让传统。相比尧、舜那玉质般的公开性和透明性的政治清明，禹却有了青铜合金配方那样的权力的复杂性和保密性，他要在礼玉化的国体里，置入青铜化的国家观念，开启一个与良渚化世界有所不同的属于青铜世界体系的新中国。

当时的青铜化世界体系，不止有走向王朝的一条路，在对文明古国的批判、继承和发展中，青铜时代出现了三种文化类型：一是对文明古国的批判否定型，如古希腊，形成了城邦民主制国家；还有一种，是对文明古国的继承肯定型，如波斯帝国；另外，就是对文明古国的发展改良型，那便是中国，用了礼玉文明的包装，改变了文明古国的模样。

在西方，青铜世界的两种文化类型，否定与肯定的代表——希腊和波斯，发生了文明的冲突——希波战争，战争的结果，是波斯帝国解体，出现了一个希腊化世界。在东方，中国亦自成一世界，形成了中西合璧金玉良缘的具有世界历史统一性的文明古国形态的世界，从文化统一性占主导的文化中国走向政治统一性占主导的王朝中国，不仅搭上了文明古国行列的末班车，还对文明古国的国家形态做了改良，使得文明古国以王朝中国的样式，在世界历史的进程中，又延续了两三千年。这一延续，虽然被纳入尧舜之道的理想化轨道，但它同时也扭曲了尧舜之道，王朝中国以"家天下"来追求"天下为公"当然要走岔了。

当时，应该还有另外两条路。一条是城邦之路，比古希腊还早，尧舜之时，中国已然邦国林立，却在文化统一性的引导下，"合众国为一国"形成了文化中国。三代之时，汤武革命，也以"合众国为一国"实现改朝换代和政治统一，以此形成的王朝中国，虽然以分封制还留着邦国的尾巴，但历史发展的道路，却没有选择从邦国走向民族化的主权国家，而是选择了从王朝走向天下。到了秦统一时，就连分封制留下的邦国尾巴也被割掉了，幸亏文化中国的老底子还在，在国家与革命的交替中，终于走出帝制，走向共和了。

除了城邦之路，还有一条宗教之路，也就是由后来的墨子所指出的走向"天志"一路。比希伯来还早的良渚古国，早就有了标志宗教信仰的神徽，出现了神权国家的萌芽。比以色列－犹太王国还早的商朝，早就"率民以事神"建立神本国家了。但根底于玉器时代的信仰，同来自青铜时代的信仰不一样，玉器时代的礼玉文明倾向审美，造就审美的礼教国度，青铜时代拜金文明趋于宗教，形成宗教国家。商朝本来也出现了宗教国家的苗头，有了政教合一与神王合一的追求，却被周人"顺天应人"的革命打断了。周人重启夏并以之为夏朝，通过夏又回到舜尧，回归礼教源头，选择了王朝中国与文化中国并行。儒家的成就中，最重要的，便是在王朝中国的体制里留住了文化中国的根，在君君臣臣中导入礼教源头。

06

回到尧舜禹

—— 两个中国与三家思想的碰撞

走向"夏禹之国",要经由一条路线,那便是"墨学"的路线。

还要回到一个原点,那便是在国家起源的入口处"禹"的起点。

而最早这样做的,便是殷周之际的周人,说得更为确切一点,便是周公。小邦周灭了大国商,当然不会以商的继承人自居,但又需要有一个正当性的来源,周人就把夏当作他们的源头,于是,从夷夏到华夏的过程,就被周人改造成了夏朝的历史。

一个风云际会龙飞凤舞的时代,就这样被固定下来,作为一代王朝出现了,前人的历史,根据后人的需要来写,这样的历史,往往就成了现实的倒影。

寻找夏朝,并非自今日始,作为时下历史学与考古学的一股潮流,其实,周人早在三千多年前就开始了。最早的有关夏禹的记载,就出现在周人铸的青铜上,保利艺术博物馆收藏了一件西周中期偏晚的青铜礼器"遂公盨",李学勤为此专门写了一篇《遂公盨与大禹治水传说》的文章,发表在2003年1月23日的《中国社会科学院院报》上。从该文中,我们可以看出,已经"走出疑古时代"的李学勤,对这件藏品深信不疑。

甲骨文中,未见有"禹",铭文之中,若该盨为真,当属最早。

李学勤说，该藏品，时于西周中期后段，即周孝王、夷王前后。

盨内底有铭文，经他一番释读，能略知盨文大意。盨文提到，天命禹开辟国土，治理山川，根据土地征收贡赋，还特别强调了禹"为政以德"，仅10行，98字，便将周人的天命观、国家观、宗法观等，都按揭在禹头上了。盨文语气，颇似后来《尚书》口吻，疑古者据之以疑盨伪，而信古者，如李学勤等，则以之为据，将《尚书》形成时代，由先秦诸子上溯至西周铭文，又往前延伸了数百年，离他们寻找的夏朝，似乎又靠近了一点。李学勤指出：有关禹的铭文，春秋时，有秦公簋言"禹迹"，叔夷镈钟言"处禹之堵（都）"，它们都比"遂公盨"晚出，李学勤特别强调了盨文的价值在于首次言及大禹治水。

不过，在我们看来，盨文可贵之处，在于用了不到一百个字就把国家起源的基本面都讲清楚了。当然，不是五千年的那个文化中国的基本面，而是三千年的王朝中国的基本面，其实，也就是周公拿着周王朝的镜子来对照，把夏看作周朝的倒映。

很显然，这篇盨文是在代圣人立言，那位圣人当然就是周公。这就使得我们不禁要问：遂公究竟什么来头？据说，他是舜的后裔，其封地遂国就在周公的眼皮底下，是鲁的属国，奉周公为宗主，以鲁国为宗主国。不过，周虽统一，并未集权，故周公那一套，仅可行之于鲁，行之于遂，却难行于天下，就连与鲁相邻的齐国，也未必"从周"，更遑论晋、燕、秦、楚了。然而，不管你行哪一套，都要回到夏的起点上去，找到国家起源的源头，因为，国家的正当性与权力的合法性，只有在源头才能找到，这也可算作"不忘初心"吧！还有一个动机，不是为王朝中国寻找源头，而是在历史的转折关头，撇开王朝，重启国家起源的起点。这两个动机、两种追求，虽以儒、墨为代表，但法家也参与进来了。

法家与墨家正相反，墨家要撇开王朝中国的体制，重启文化中国的思想源头，而法家则要彻底清除文化中国的影响，不光要清除势不两立的墨家思想的影响，还要清除在两个中国之间的"执两用中"的儒家学说的影响，以"儒以文乱法，侠以武犯禁"而极力排斥之。墨者多"侠"，人称"墨侠"，法家之于儒、墨，一个视为眼中钉，一个当作肉中刺，皆必欲去之。这还不够，还得根据王权主义的要求，改写尧、舜、禹的历史。

战国时，魏国史官编了一本《竹书纪年》，可以看作法家历史观的代表，在"五帝纪"里，它是这样说的：昔尧德衰，为舜所囚也；舜囚尧于平阳，取帝之位；舜囚尧，复偃塞丹朱，使不与父相见也。不光《竹书纪年》如是说，《韩非子·说疑》也这样说：舜逼尧，禹逼舜，汤放桀，武王伐纣，此四王者，人臣弑其君者也。用君主专制的天平称一称，用法术势的尺子量一量，所谓"古之圣王"，也就变成了乱臣贼子的模样，什么仁义、兼爱都是假的，正如用了黑暗的眼睛就看不到光明，满脑子罪恶的思想就无法理解善良的愿望，用了阴谋论来搜索世界就不再有理想，即使有了理想那也是对阴谋的包装。

法家的决绝，难免要作法自毙，商鞅、韩非都死于法治，其于法的绝对性，看来颇类似于古希腊之苏格拉底，苏格拉底也死于法治，但不同的是，苏格拉底是为了法治的理想而死，他本可以不死，为了维护法治的尊严，为了强调法治的绝对权威，即便以法律的名义对他的宣判全都错了，他也要一丝不苟地遵守和服从，为了神圣的法治到来，他就像上帝用自己的儿子替人类赎罪一般用了自己的生命向法治献祭，因此，我们说，苏格拉底毕竟死于民主政治的阳谋，而商鞅、韩非之流，则是被动地死于君主专制的阴谋，一是为法治而死，另一是死于法治，其间之轻重，真有"重于泰山"和"轻于鸿毛"的分别。

中国没有像苏格拉底那样的为法而死者，却不乏"杀身成仁，舍生取义"者，儒之忠义，墨之侠义，皆以"义"为死之标的。所不同者，忠义基于国家，侠义全凭自我意识。忠义之于侠义，就如同仁爱之于兼爱，正如仁爱之爱趋于礼而"爱有差等"，忠义之义也被"忠"的体制化为"义有差等"，而兼爱则是普遍的爱和绝对的爱，与之相应的侠义，也是普遍的义和绝对的义，一个是从王朝中国里产生出来的与忠君有关的国家正义，一个是在文化中国形成的"让世界充满爱"的人类正义，这样两种"舍生取义"，哪一种更与苏格拉底以一死护法所表明的"神的正义"相似？若以义的纯粹性论之，唯有墨子。

墨子与苏格拉底相似，两个人的心中都有一位神，与之相应的理想国，也都是神的国度。苏格拉底坚信，他有一位超越了奥林匹亚诸神的新神带着他的理想国就要来临，他要将那些非道德不合法的神从他的理想国里驱逐出去。墨子也有这样一位神，也要带着他的理想国来临，但墨子的理想国里并非只有一神，上帝之外，还有鬼神。不过，那些鬼神并不是非道德不合法的存在，它们在国家事务和历史进程中发挥着影响。其存在，非以人格化的欲望集中反映出来，亦非权力化的自由意志的极度开显，总之，不是像奥林匹亚诸神那样的欲望之神，也不是《山海经》里的"怪力乱神"，而是监督着"天志"在人间的实现，即保证神的法典"天志"向着国家法治——"发以为刑政"贯彻到底的神。

或问"率民以事神"的中国，是个君权神授的国家吗？非也！君权要从"尚贤"来，非由天命，亦非神授。由"尚贤"产生的君，就如同黄宗羲在《明夷待访录》中所说的"天下为主，君为客"，不是"君主"，而是"君客"；以此形成的国家制度，也就不是"君主制"，而是"君客制"了。"天下为主"，谁做主？既然"君为客"，当然就是"民主"了，那"为客"的君，从原则上来讲，与当今民选的总统，还真有那么几分相像。对于中国式的民主，儒家没有讲通，讲到民本就打住了，墨家倒是讲通了，但在王朝中国里，一直行不通。到了近代，我们从太平天国和中华民国的存在中，看到了墨家思想的闪光，但天国的变质和民国的失败表明，走出王朝中国谈何容易！墨家的光芒，还在探索的路上。

07

重启天下观

—— 走向人类性与个体性结合的天下

圣王之于两个中国，当然就要用两手，要两手抓。

对王朝中国，要靠马上得天下，用"打天下"那一手。

对文化中国，则以诗书治之，以民心得之，用"平天下"那一手。

因王朝中国，而有"君君臣臣"，因文化中国，而有"天听民听"。权力的正当性来源在天下观里，国家观所要求的权力的合法性来源，必须由天下观来赋予。

青铜时代的那几个文明古国，国虽亡，但文明还在，在东西方经历了不同的发展路径，其政治遗产，作为雅利安运动的第一大成果，被雅利安人全面继承了。

从美索不达米亚到印度河，从里海到波斯湾，正是在文明古国的基础上，雅利安人建立了世界上第一个横跨亚、欧、非的帝国，波斯帝国就是其中的一个。

波斯帝国，代表了雅利安运动的主流。还有一支，属于另类，脱亚入欧，从里海和黑海之间的南俄草原，一路南下，来到地中海沿岸，落脚在巴尔干半岛，他们就成了古希腊人的祖先。这一支，虽然也以文明古国为师，但他们并未继承文明古国的政治遗产，同时，也就没有背上文明古国的历史包袱，他们围绕地中海，建立了不同类型的城邦，并从他们的城邦中，发展出一种新型的民主制政治文明，形成了对文明古国的否定。

这样，在当时的政治文明的世界体系中，就出现了三种类型。

第一种是对文明古国的继承，如波斯帝国；第二种是对文明古国的否定，如古希腊城邦；第三种是对文明古国的改进，天下观的中国，就是文明古国的改良型。

无论否定，还是改进，东西方几乎同时出现了新的政治文明。新的政治文明，在古希腊，表现为民主的城邦，在中国，表现为民本的天下。古希腊之于文明古国，是以分化的方式，走向决裂，而中国之于西方文明古国，则以统一性的方式，与之融合，从雅利安人那里分享了文明古国的政治遗产，同古希腊一道开启了东西方轴心期的进程。

"文明的轴心期"，经由雅斯贝斯提出，这提法被"东西方"都接受了。不过，我们对它做了一个调整，那就是我们将古代世界进行区分，分出古代性和古典性两部分。古代性造就了文明古国的世界体系，而古典性则是从古代世界内部产生的对古代性的否定。比如，摩西率领人民出埃及，就是希伯来文明的古典性对古代性的埃及文明的否定，雅典美少年忒修斯带着童男童女走出米诺斯王国的迷宫，则是雅典文明的古典性对古代性的米诺斯王国文明的否定，而中国则以"汤武革命"所代表的古典性，一次又一次地更新君主制的古代性。在西方是摩西与荷马，成了"两希"文明古典性的代言人，在中国是周公成了三代以来民本主义的古典性与汤武革命的代言人，他把王朝中国放在天下观里。

因此，我们来谈希腊文明的"轴心期"，虽然聚焦于雅典哲人时代，却要从《荷马史诗》的世界谈起。从《荷马史诗》谈到"雅典中心主义"，再谈到希腊化世界展开，这样才能说明白。以此来谈中国文明的"轴心期"，我们的立足点虽然在先秦诸子时期，但我们的话头，也要从比荷马还早的周公谈起，从西周谈到东周，谈周孔之教和周秦之制，看三代以来兴起的"华夏中心主义"，如何克服"夷夏东西"被封建化为"中国式天下"，看三代时形成的宗法观，如何转化为民本主义的天下观，并用天下观来整合"东西方"。这样来看东西方"轴心期"，就看出个三段论来了。除了各自有个被雅斯贝斯所瞩目的中心点——中国诸子时代和希腊哲人时代，还应有与之相应的表明其来龙和去脉的始末之两端。

希腊文明的"轴心期"，应该从荷马开始，迄于亚历山大的希腊化世界，而中国则从周公封邦建国的"封建"运动开始，到秦统一并建立中央集权和君主专制而被革命为止。在它们中间，各有其中心点，在希腊便是以个人权利为本位的城邦民主制，在中国则是人类大同的天下观。希腊政治文明，基于人的个体性，而文化中国，则趋于人的人类性。希腊人从个体性出发，通过个人权利，走向城邦国家。文化中国从人类性出发，通过中国式天下，走向人类大同，而这正是"轴心期"所赋予的东西方文明的不同的历史使命。这使命，由古希腊和文化中国分别担待了，两种文明，在历史上各走一路，一个自西往东，从个体性走向人类性，一个由东往西，从人类性回到个体性，但它们终会在往来中相逢。

当它们在来回的道路上重逢时，乍一看，似乎不同，难免犯冲。先是天下观与国际法犯冲，以中国为中心的天下观在以国家主权为原则的国际法里如何行得通？

儒家那一套王朝中国的天下观，显然是不行了，那就回到文化中国的"以天下观天下"的天下观，也就是要从天下来看天下，而非从一国、一家来看天下。这样来看，天下观就同王朝中国划清了界限，回到了它本来的意义，那就是"天下者，天下人之天下"，非一家之天下和一国之天下。所谓"天下人"，既不是哪一国的国人，也不是哪一族的族人，而是溥天之下的每一个人，是指人类所有人。这就把天下观里人的个体性开显出来了，个体性与人类性的统一也在这里呈现，虽未经国家法权肯定，却被普世价值确认。

世界公民不可能从以民族国家为主体的国际法里产生，因为民族性和国家性，在某种意义上，我们可以说它们是对人类性的否定。这否定从青铜时代就已开始，以古代国家的起源作为标志。因此，古典性并不属于古代世界，尽管它从古代世界里出现，但它本身却是对古代世界的否定，表现为否定之否定。正是在对古代世界的否定中，古典性发展出了近代性，近代性是对古代性的否定，是对古典性的确认，而现代性的发展，依然是对古典性的认证。其实，当代世界，比历史上任何时期，都更加"言必称希腊"，都更像是一个古典性的世界。以此看来，或许我们还可以这么说，所谓"现代性"就是被实现了的古典性，如果说"现代化"就是新的"希腊化"，那么国际化的世界也就是新的"希腊化世界"了。

现代化，不仅带来了"国际化"，还带来了"全球一体化"。如果说"国际化"还是"希腊化"在当代的进展，那么"全球一体化"则更像是对"中国式天下"的重启和刷新，与之相应的世界公民和人类共和国在"国际化"中似乎难以形成，反倒是重启文化中国的天下观有可能将其促成，这也许就是在向着五千年来中国人一直没有放弃的以玉器时代为根底、以良渚化世界为底蕴的"尧舜之道"的回归，走向人类性与个体性结合的天下。

08

从民到匹夫

—— 人民性与个体性的天下

中国天下观里，经常讲"以天下为己任"，"天下兴亡，匹夫有责"，那"天下"究竟是什么？先来看看"天"，再来说说"天下"和与之相关的"匹夫"。

《说文解字》说"天"，指的就是人头顶上的那一片："颠也，至高无上，从一大。"从字形上来看，"从一大"中，"一"指天，"大"为人，包含了天人两部分。

以此，我们来看"天下"，那"天下"，当然也就是个顶天立地的人了。以此"究天人之际"，便可见天人本为一体，是以人为尺度和法度开辟出来的。从人一站起来直立行走开始，天地就出现了，神话中的开天辟地的盘古，就是第一个站立起来的人。

当人以四足伏地而行时，人不知有天，也不知有人，只是自然的一部分，当其开始直立时，天和地就被他打开了。他指着自己头顶的那一片说，那是天，指着自己脚下的那一块说，那是地，天地就这样被命名，被开辟。在比《说文解字》更早的金文和甲骨文里，"天"还是人体的一部分，它不是指人头顶上的星空，直接就指人的头颅，《山海经》里的"刑天"，就是被砍了头颅。也就是说，当天人未分时，头颅就是"天"，天人相分后，

"天"就跑到头顶上面，变成天空了，而"天下"，也就是"人"，理应"以人为本"了。

不管以"天"为人，还是以"天下"为人，总之，"天"和"天下"都离不开"人"。由此而来的"天命观"，便有明显的人格化特征，而"天下观"就更是从"天听民听"走向"匹夫有责"了。在这一走向中，从殷周之际走到明清之际，原本简明的天人关系亦随之而变得深邃起来，天那一面，从人格化和必然性的"天命观"走向自然化和规律性的"天道观"，再从"天道观"走向道德化和主体性的"天理观"。而人那一面，则从"天听与民听"的民本主义的"民"，走向"天下兴亡，匹夫有责"的人本主义的"匹夫"。

从"民"到"匹夫"的进程，是从文化的人民性走向文化的个体性。

我们认为，在中国的天下观里，有两个核心，一个是人民性，还有一个，就是革命性，人民性表达了天下观的价值理性，革命性体现了天下观的工具理性。民心民意的价值诉求，要通过"顺天应人"的圣人革命来实现，这是三代以来就已形成的民本天下观，到了明清之际，顾炎武在反清复明的斗争中，产生了一种新的觉悟，那就是"匹夫"。

"匹夫"，是指个体化的平民，它在人民性中特别强调了个体性和平等性。在民本主义的天下观里，人民性表现为整体，人民出席天下，需要有个代表，亦即圣人。圣人以人民代表的方式，行使其最高权力——革命，将民心所向，通过革命表现出来。

而"匹夫"，则是文化个体性的觉悟，将个体性的自我从人民性的群众中独立出来担待"天下兴亡"。这是明清之际顾炎武等中国士人的新觉悟。国已不国，民亦非民。异族入主，将国之利器，都拿走了，不但君主专制、中央集权被拿走了，连孔孟之道和程朱理学也被拿走了，还有科举制，将王朝中国一锅端了。有没有拿不走的？有，那就是文化中国。在文化的江山里，说汉语、写汉字、做汉人，这些，谁也拿不走！留住文化的根——个体性，进行最后的斗争——革命，以此回到文化中国的原点，确立"匹夫"天下观。

纵览天下观，三千年来，经历了两个阶段，亦即人民性和个体性阶段。

这两个阶段，虽然天下观的主体发生了从"民本"到"匹夫"的转变，但天下的救赎功能——"革命"却一以贯之。自明清之际以来，"革命"从未停止，以"革命"救中国，却走了"反清复明"的王朝中国的老路。"反清复明"的失败，从根本上来说，是因为"革命"的性质发生了变化。在"民本"天下观里，"革命"意味着改朝换代，表现为王朝中国的重建，而从个体性出发的"匹夫"天下观，其"革命"道路，则非走向王朝中国的重启，而是走向一种新的国家观念，一种以个人权利为依据的民主制的国家观念。

我们常说，天下者，人人之天下，非一人之天下，非一家之天下，非一国之天下。这样的价值观，在中国传统里面，可以说是天经地义的，就如同西方人说的那样，是自明的公理，但它却走向道德重建，未能贯穿国家制度形成国家观念的正当性来源。

历朝历代，都以"天下为公"为天宪，不敢公然挑战。一代王朝绝对不能露出独夫的嘴脸，理论上可以天下为家，但不可以搞家天下，"革命"就是防止家天下。

汉初，独尊儒术之前，在中国传统天下观里，发生了一场有关"革命"的争论。顺应王朝中国的黄老学派认为，帽子戴在头上，鞋子穿在脚下，不能将它们搞颠倒了，所以，站在制度一边，成为反"革命"。而儒家则指出，那要看什么制度，如果还是秦制，还要搞家天下，那就必须"革命"，不光改朝换代是"革命"，改制也是"革命"。王朝中国本身，还要"继续革命"，向天下观指引的方向，去实现文化中国固有的理想。

儒家为这样的"革命"找到了一条新路，那是一条内在性的来路，亦即"内圣外王"。我们知道,汤武革命都从外来,站在一代王朝的立场上,几乎无不禁止发生汤武那样的"革命"。从文化中国那边来看,虽然也不希望鼎革之事经常发生,但汤武革命的刀子却不能丢,那是专门用来对付桀纣之君的,"天下为主,君为客",这是必须的!

  黄宗羲只此一句,便说透了天下观的真谛,说明"天下"是中国固有,所以为"主",而王朝世袭国家是外来的,故为"客"。天下观里,没有君主论,只有"君客论","天下为主"谁做主?当然是"民主"。不光黄宗羲《明夷待访录》之"原道"如是说,顾炎武《日知录》第十三"正始",也提出了"亡国与亡天下"的区别。他说,国家被改姓易号,叫作"亡国",吃人与人相吃,才是"亡天下"。故"保国"与"保天下"有别,"保国"是君臣之事,"保天下"是天下人之事,因为天下是人人之天下,故匹夫有责焉。

  如果让我们来对顾、黄二人所言做一番新的注解,那么我们会将他们的说法,放到古代国家起源的入口处去考察,回到玉器时代和青铜时代相交的源头,从东西方文明史的史前背景中去看王朝中国的来历,就会发现天下与君、与国的关系正是一种"主"与"客"的关系,而这一关系的开启,就在从夷夏到华夏、从二里头到二里岗的那个时期。以汤伐桀的神化革命为标志,经过武王伐纣的圣化革命,终于得以完成。明清之际,顾、黄二人的呐喊,那一嗓子,出自三千年前汤武革命的肺腑,向未来发出他们个人本位的一吼。

  铜鼎一立国运开,王权居然中头彩。
  留得玉根通天下,还有汤武革命来。

09

天下三段论

—— 走向人类共和的天下观

自从华夏取代夷夏，夷就开始边缘化，并向着它的贬义转化。

从"华"的本来，向"华"的反面异化，从"华"的本体和主体，变成"华"的敌对势力，从"华"的代表——本为"东夷之人"的尧、舜之"夷"，变成需要"以夏变夷"的"夷"，这中间的差异，有如天壤，仿佛云泥，却从来没有人对此做过解释，作为一笔历史的糊涂账高高挂起。例如孔子，既要"祖述尧舜"，又要"尊王攘夷"，很显然，在孔子那里，尧、舜非"夷"，可孔子并未说明作为"东夷之人"的"夷"同"攘夷"之"夷"的差别究竟在哪里，何以"东夷之人"能作为华夏之祖，而"夷"却必须"攘"之？

从孔子那时起，"华夷之辨"就已开始，但孔子却未必清楚"夷夏"之"夷"与"华夏"之"夷"的分际，"夷夏"时期的"东夷之人"，以尧舜为代表，他们是"华"的缔造者，而"华夏"时期的"夷"，则转变为"华夏"运动和"华夏"国家的反对者。究竟是什么导致了这样的转变？我们认为，从这里，才能找到"华夷之辨"的原点。

"夷夏"时期，"华"是夷人的"诗和远方"，当"夷"转变为"华"时，"西夷之人"——"夏"，在时代转型中，比"东夷之人"先行一步，占据主导地位，"华"被"夏"主导着，成为"华夏"，而"夷"则掉队了，落伍了,被历史的发展所遗弃,此为"华夷之辨"的根底,孔子有所不知,我们今日来谈"华夷之辨",先要明乎此。

"华夷之辨",究竟"辨"什么?当然是国家观念,同在一个天下里,要不要以国家为主体,要不要以王权为中心?要,便是"华";不要,即为"夷"。华夏,本是文化中国与王朝中国的统一体,在未有国家观念以前,叫作夷夏,认同了国家观念以后,就向华夏转变了。华夏的出现,宣告了"夷夏东西"的终结和"中华天下"的到来。

本来,是齐家文化率先吹响了"夷夏东西"的集结号,为中国青铜时代的到来开了个"金玉良缘"的好头。但金、玉之于齐家文化,皆非原发,均为次生,玉文化原生于东方,金文化来源于西方,齐家文化两手抓,把它们融合了,就变成了"夏"。"夏"是西化路上的东道主,引导西方文化进入东土。我们可以想象,当"夏"从黄河上游东流而下,出甘陇,入河洛,至海岱,深入中国文化的本土,会引起怎样的融合与冲突?

冲突那一面,我们从陶寺文化的断裂中已经看到了。陶寺文化的新生代终于为自己的叛逆和弑父情结找到了一种可以宣泄和表达的文化,那就是西化,他们从玉帛之子转变为青铜之子了。青铜之子的本性是动干戈的,干戈起于中土,尧都为之玉殒,陶寺文化断裂,谁能化干戈为玉帛呢?傅斯年在《夷夏东西说》中,提到了"夷夏交胜",先是夏启与伯益,继以少康与后羿,终于夏桀与商汤。汤以革命,"顺乎天而应乎人",结束了走向王朝的夷夏相争,开启了夷夏双赢的天下——中华。可以这么说,正是汤的革命,不但完成了对青铜时代作为文明古国的国家形态的救赎,而且使得玉器时代就已形成的文化中国能在中国式的天下里与之共处。此种方式,在儒家传统,被称作"政统"和"道统"。

这样说来,有点狭隘,国家的成败和文明的兴衰,仅此二统,难以说明白。所以,我们还是要从王朝中国和文化中国的来源上和两个中国的分别上来谈,而不能仅从儒家传统来谈。儒术,当然可以作为两个中国相融合的一部分,但不能代表全部,既不能完全代表王朝中国——在王朝中国的代表性方面它不如法家,也不能完全代表文化中国,因为除了儒道释并驾齐驱,还有与王朝中国格格不入的墨家。但它们也都不能作为文化中国的主要代表,因为儒道释对于世界的影响,局限于东亚一隅,也就是汉字文化圈范围。

真正能够代表文化中国的,是接着彩陶之路、玉石之路走下来的丝绸之路、瓷器之路和茶叶之路,这三条路,不仅能大而化之,普及于世界,还能一以贯之,贯穿上下五千年,形成一条普世化的民生的纽带,将东西方连接起来。丝从古希腊到古罗马,开辟了丝绸之路,茶从英吉利到美利坚,改变了新大陆,而瓷器则成为西方对中国的称呼。

以茶为例,中国人喝茶喝通了世界,不仅喝通了古老丝绸之路的欧亚大陆桥,还喝通了从大西洋到太平洋的新大陆。茶文化形成了自己的世界体系,以至于西方人竟然这样说道:中国人用茶叶征服世界。我们举这例子,是要说明,我们为什么不采取儒道释的文明样式为文化中国,除了上述原因,还有一点,那就是我们放弃了王朝史观的那把尺子,改用了世界历史的尺子。用世界历史的尺子来衡量,儒道释对于世界,仅有局部性影响,不仅不如自成世界体系的丝瓷茶,还不如引发了文艺复兴和大航海时代以及民族国家兴起的"四大发明"。我们考察文化中国,第一,要看审美的民生工艺,如丝瓷茶等;第二,要看天工开物的民用技术,如四大发明;第三,更有那诗意栖居的文化的江山,以及人类大同的天下观。

如果说上述前两项还只是反映了文化中国的过往,那么后一项则将代表文化中国的未来。很有可能后一项的成就会远远超出前两项,因为前两项还只是参与世界历史的进程,影响虽大,却非主流,而后一项的趋势,则势必进入世界历史进程的主流中去,参与由东西方合力主建的人类共和国的理想中来。这也就是到了中国式天下观的第三阶段，即从人民性和个体性进入了人类性的阶段。人类文明的轴心期，在欧亚大陆的东西方分别发展着，在西欧发展出自由民主的国家，在东亚，主要是在中国，发展出从民本到匹夫的天下。到了全球一体化的今天，人类从这两条路径殊途同归，一条路，从民族共和国走向人类共和国，另一条路，则从民本和匹夫的天下通往人类的天下。这两条看似不同的历史发展道路，在人类大同的目标上交汇了。以国家形态呈现的人类共和国，如果换用天下观的说法，那便是人类的天下，唯有世界公民的出现，我们才可以说：天下者，乃人人之天下。

人类的理想终归要实现，对此我们应有信心，更何况技术的进步已经跑到了前面。互联网、物联网、数字化地球和人工智能的出现，使得人类命运共同体的理念，可以从理想的云端落实到现实的地面，一个新的"合众国为一国"的时代就要到来。

那是良渚文化从一开始就已确立的目标，以文化认同立国，在对人类大同的普世价值的追求中，开启一个新的"合众国"，向天下为公的人类共和国迈进。

只可惜，良渚文化的自发性追求，被青铜时代的到来打断了，本来以文化认同为基础的文化中国，从此走上了以王朝中国为标志、以权威认同为导向的文明古国的发展道路。从禅让走向世袭，从尚贤走向专制，这一走，就走了三千多年。从"夷夏东西"开始，经由汤武革命，走向华夏天下观，走出两个中国——文化中国和王朝中国并行的双轨制。从良渚文化遗产里走出来的"原君"尧舜，一直就是人民性的代表，从"人皆可以为尧舜"到"六亿神州尽舜尧"，就这样代表了三千多年。虽然革命性以汤武为代表，但革命的正当性来源，还在尧舜那里，革命的发动机和总开关，还是人类大同和天下为公。

以此来看儒家对于中国文化的贡献，就不再是为王朝中国提供的那一套"君君臣臣，父父子子"的纲常名教，而是从孔子"吾从周"就开始形成的"祖述尧舜，宪章文武"的周孔之教对于民本主义天下观的继承与担待。这样，我们就可以理解何以儒家经典中《尚书》以"尧典"开篇而《论语》以"尧曰"压卷了。还有就是儒家传统对"孔子圣化与儒者革命"的坚守，也成了天下观的一根支柱。尽管孟子说过"孔子高于尧舜"，那也只是"儒分为八"后其中之一的"思孟学派"这么说，其他各派并未转述，更何况尧舜之道与孔孟之道虽被归为一统，其实不尽相同。孔孟之道在"阳儒阴法"中，只是帝王学的一部分，不能作为帝王学的标准。但它两手抓，两手都很硬，一手抓国家，抓出个"君君臣臣"，一手抓天下，抓向圣人革命，故其功能在于维持国家与天下的平衡。而尧舜之道，则从未行之于王朝中国，因而没有君君臣臣和圣人革命那一套，有的只是天下为公和人类大同。

黄宗羲说的"原君"，就不是三代以来王朝中国里的文武周公，不属于孔孟之道里的"君君"范畴，而是指文化中国里的尧、舜。"致君尧舜上"，可以说是中国士人入仕从政的莫大之理想，因为尧舜才是中国帝王的最高标准。同样，顾炎武说的"匹夫"天下观，也与儒家传统有所不同。儒家传统特别强调人民性，排斥个体性；程朱理学尤甚，"存天理"属于人民性，"灭人欲"针对个体性。虽然孔子早就说过"三军可夺帅也，匹夫不可夺志也"，但后世儒学都不以"匹夫"立论，将"匹夫"提到天下观的高度，顾炎武是第一人。这是向"天下者，人人之天下"中的"人人"发言的，直面人的文化个体性。

从人民到"人人"，天下观开始了近代化的转型，但儒学并未觉醒，程朱理学还在同王朝中国度最后的蜜月，直到帝制终结。新的天下观，需要新的国家形态来表现，顾、黄二人之于新的天下观可谓先知，可他们却未能形成一套与之相应的国家观念。黄宗羲《明夷待访录》中虽然有一些近代国家的思想火花，但还不具有成熟的国家观念，未能形成有体系的国家学说，当然也就难以开启国家制度的重建。即便他们的思想都已成熟，学说也已完善，新的国家也要靠着暴力来催生，以革命的方式——也就是用暴力美学来接生。

在全球一体化的今天，中国式天下不管自觉还是不自觉，都必须开启第三阶段，那就是走向普世价值的人类性天下。如果我们能有幸看到尧舜之道在当代实现，看到中国天下三段论——人民论、个体论、人类论在当代最终完成，那么我们就可以比福山更为自豪地说，我们看到了一个五千年历史的最完美的"终结"——天下为公，人类大同。

结　语

文明的迁徙
——通往历史之路

迄今为止，人类仍在"全新世"。

人类之名若要有个统称，它的名字就叫作"全新人"。

然而，在历史的进程中，人类不知何时，把这个名字给丢了，换上了民族和国家的身份，在文明的冲突和国家纷争中，不断地更名改姓，作为历史的见证。

但是，我们毕竟还是"全新人"，虽然文明之中还留有冰期的阴影，但命中早已注定人类要在全球化中生存，最终还要以人类性来取代民族性，以世界公民来取代国家身份。在地球上新的大暖期到来之前，我们应该觉醒：我们都是"全新人"！

全新的文明——大暖期

人类历史，从有文字记载开始，文字出现以前，叫"史前"。

"文明"二字，必基于人为，滥觞于"全新世"的大暖期。

与其说"全新世"是一个地质概念，而毋宁说它是一个文明的概念。文明概念的"全新世"，始于距今约八千年至四千五百年前，那个时期，是地球上最温暖的时期，是最宜于人类文明生存和发展的时期，有了三四千年打底子，人类终于站稳了脚跟。"全新世"最为显著的一个标志，就是产生了人类心灵的艺术形式。若谓人类生产方式或为人之动物本能的延展，那么人的艺术活动则已脱离了动物本能，而为人类自我意识的开显。

那时，人类先是采摘和渔猎，分享自然生成的食物链，随后，便因地而居，把自己从食物链中解放出来，而开始了住耕或游耕，游牧或住牧，游猎或住猎，从顺应自然的生活方式转向征服自然的生产方式，先以艺术的方式在想象中同化自然，再以技术的方式把想象现实化，在技术层级上，牧与耕平行，都是征服自然，为文明开端。

走向失乐园——城市

率先结束"史前"状态的人，是苏美尔人。

相继而来者，有埃及人、印度人、巴比伦人，还有中国人。

对于古代文明，文化传播学提供了一个这样的说法：文明的发生，从西亚两河流域开始，接着是尼罗河流域，再向西往地中海发展，然后，东向印度和中国。

这是文明一源说和中心说，犹如中国的中原中心论，其于地中海世界，或可谓有据，之于印度文明，亦有脉络可寻，然于中国文化，虽有迹可求，但多为推论。

谈起历史形态的文明，像模像样的，没有比苏美尔人更早的了。最早的城市、王权、文字、法典，还有最早的诗篇，出现在约公元前6000年；苏美尔人在西亚两河流域建造了用农业灌溉网环绕的以神庙为中心的城邦，还有金字塔和楔形文字。

文字由象形向符号发展，形成了法典，还产生了诗篇；泥板上留下琵琶与竖琴的符号，宣告音乐由此诞生；而圆筒印章的出现，则标志着财产权和私有制的起源；还用象形符号管理经济活动和生产过程，记录粮食、啤酒、牲畜数量，说明文字未专属神权。

大约在公元前 5400 年，"大洪水"发生之前，幼发拉底河进入波斯湾的出海口，苏美尔人有了他们的第一个城市——埃利都，"王权从天而降，落在了埃利都"。

此后，苏美尔人的文明中心北移，据传说，文明的迁徙，是由于南方的埃利都神爱上了北方的乌鲁克女神，埃利都神将文明作为爱情的礼物，送给了乌鲁克女神。

久而久之，文明的恶之花就开了，人与人的斗争，成了文明的催化剂，催促文明速生，其极端的形态，便是战争。战争，或加速文明进程，或使文明进程逆转。上古时代，有时候，一场战争的胜负，就能宣判一个文明的死生。虽说文明的胜利主导了历史的进程，但野蛮战胜文明，也是常有的事情，公元前 2000 年左右，苏美尔文明突然消失了。

与苏美尔人几乎同时，东方的河姆渡人，文明进程要从容得多。如果说苏美尔文明，其源头有可能是《圣经》中的伊甸园，那么河姆渡文明，则可谓是同一时期东方的天道伊甸园，虽然苏美尔人早已进入了青铜时代，河姆渡人则转向玉器时代，但他们各自开辟了东西方文明的摇篮。不过，青铜时代，文明的恶之花已开，而玉器时代，则是上帝留给东方的一个幸福时期，这一时期，大约有两千年，在东方重启了那个梦幻般的伊甸园。

如果说人之初的文明，就是要实现人类对于自然的统治权力，使人成为万物之灵和万物的尺度，而非人与人的争夺，那么河姆渡文明可以说是更接近于伊甸园的原貌，苏美尔文明显然沿着失乐园的方向前进，当河姆渡人还在向着万物实现其万物之灵的自然权利时，苏美尔人已开始在人与人之间要求政治权利了，这一要求开出了文明的恶之花。

灵魂的天梯——金字塔

苏美尔文明倒下时，近东地区在一个很长的时期出现了文明倒挂。巴比伦取代苏美尔，恰如后来罗马之于希腊，日耳曼人之于罗马。

古埃及，稍晚于苏美尔人，其文明的标志，最著名的就是金字塔。

公元前25世纪，古王国时期，在吉萨高原上，矗立着三座金字塔，月光下，变为银白色，黎明时，转为银灰色，中午时，呈现金黄色，夕阳下，变成玫瑰色。其中，胡夫金字塔是目前发现最大的木乃伊贮藏室，据说狮身人面的斯芬克斯是胡夫的面相。

苏美尔乌鲁克金字塔，比古埃及早二三百年，它们之间，似乎有着文化上的亲缘关系。更早的金字塔，出现在埃利都。有人说，金字塔就是通天塔，这样的说法，曾经出现在古埃及法老的金字塔铭文里，铭文说道：金字塔是法老上天的天梯，法老的灵魂要从这里上天去。还有人认为，在埃利都发现的金字塔，就是那个传说中的巴别塔。

其他诸如战车、灌溉技术、青铜、人像等，也有苏美尔文明的遗传。

古埃及象形文字，也晚于楔形文字，被称为"神的文字"，认为文字是神创造的，这与中国仓颉造字说相仿。在古埃及文明里，文字具有神性，是一种神的权力。几乎所有的国家起源，都源于政教合一，权力和信仰，从来就是国家的核心，文化传统和文明程度有别，使国与国有所偏倚，或侧重政治权力，或偏向宗教信仰，但都不可或缺。

历史上，已知最早的宗教改革出现在古埃及，那是一次从多神教向一神教转型的革命，发动者是第十八王朝的法老阿蒙霍特普四世，始于公元前 14 世纪，他在宗教改革中引入太阳神，取代了古埃及的创世神阿蒙神。《亡灵书》中的"阿顿颂诗"，是"万物生长靠太阳"的原始版本。"阿顿"，是对太阳神的名称，然而，比"阿顿"更早的一神，是五千多年前中国良渚人的太阳神。不过，良渚人的一神，是未经分化的统一性的神，包含了自然神和人格神，将以人、鸟、兽为代表的万物有灵的神性，在太阳的光芒普照下统一起来，只有太阳的光芒具有这样的统一性。而与古埃及前后差不多的，还有中国成都金沙遗址出土的金箔"太阳神鸟"，将太阳光轮十二等分，"阿顿"本义，即太阳光轮本身。

定居，意味着人类有了自主的时间和空间，可以从自然循环中独立出来，不但结束了人与动物争抢洞穴的自然状态，而且从此开始了真正属于自己的新世界。

当苏美尔人忙着打造城市时，东方河姆渡人也以定居的方式播下了一粒城市文明的种子，这粒种子在良渚文化里发芽，还以土台的方式生长了中国的金字塔——五千多年前良渚先民土筑的陵墓和祭坛，其年代和建筑样式，都与古埃及的金字塔相似。金字塔，作为一种文明景观，最早出现在苏美尔文明中，巴比伦也有过金字塔，但登峰造极且闻名于世的金字塔，则在古埃及文明中，在古印度和中国文明中也有不同程度的呈现。

全新世神话——《山海经》

谈文明古国，常以中国忝列，看来似乎相去甚远。

若以史册论，"惟殷先人"就比古巴比伦晚了何止一二千年！

还在公元前 1700 年前后，古巴比伦就产生了一部能够放之四海、足以傲视上古的《汉谟拉比法典》，若论文字和语法的完备，殷契卜辞怎能与之比肩？

谈起王朝里的那些事，中国是有差距的。若不以王朝中国自居，而以文化中国托底，上溯至同一时期的良渚文化和龙山文化，那么中国文明亦可谓渊源有自。

中国从哪里来？从《山海经》世界来，《山海经》是文化中国的摇篮。

这文明的摇篮，不仅是个"茫茫禹迹"的华夏时空，它应该有着更长的时间和更大的空间。在时间上，它应该以全新世开端为起点，以禹迹出现、金石并用作为它的下限，对应于文化中国，相当于仰韶文化和龙山文化两个时期。而其空间跨度，在我们看来，便是那条以撒哈拉为起点的绿洲之路和以彩陶为纽带联结起来的人类文明之路。在文明的源头，没有民族和国家的隔离，加上还有个大暖期，使得如今横亘亚、非的沙漠带，在那时，却是一条穿越了大半个地球的绵延绿洲，从热带到寒带，温暖加速了人类文明的动脉。东西方，就在这条贯穿东西方的绿洲上往来，开辟出一条文明的通道——彩陶之路，就在那条从撒哈拉经由美索不达米亚通往中国的绿洲之路上，绚烂夺目的彩陶来往牵动着东西方。

文明的转型——古典性

公元前 15 世纪时，宙斯一怒之下，发了一场大水，要灭绝人类。洪水过后，留下一男一女，他们生下了赫伦，成为希腊人的始祖。

赫伦的子孙，分了两支发展，一支是亚加亚人，一支是爱奥尼亚人。经过多次迁徙，他们分别在伯罗奔尼撒半岛和阿提卡半岛上定居下来，完成了从游牧文明向航海文明的转型，骑士、海盗、商人，三位一体，他们留给历史的，起初也是古王国类型的迈锡尼文明，荷马称他们为"亚加亚人",而"希腊人"一词,则是罗马人这样称呼他们。

1952 年,英国人迈克尔·文特里斯释读了"线形文字 B",以为是古希腊语的一种早期形式,他指出,在米诺斯文明后期,亚加亚人曾以主人身份接管过克诺索斯王宫,由于对地震还心有余悸,他们将克里特岛的财富和文化遗产都搬到希腊半岛上去。

他们的商船,不但定期开往埃及、美索不达米亚、赫梯等地,还远涉重洋,向西航行,到过大西洋,向东北,则进入黑海。从黑海到地中海,沿岸的小亚细亚商道,是迈锡尼王国赖以生存和发展的生命线,阿尔戈斯英雄深入黑海地区,取走"金羊毛",还带走了科尔基斯国王的女儿美狄亚,而特洛伊人拐走海伦,则是对亚加亚人的报复。

后来,希罗多德在谈到希波战争的起因时,一再提到这一点。

亚加亚人的强项是商业和手工业,农业、牧业、矿冶业是其薄弱环节,因此,他们以贸易立国,通过近两个世纪的移民和殖民,将地中海变成了他们的内湖。可特洛伊人崛起,使他们如芒在背,不光是贸易上的竞争对手,还因其处在黑海与地中海的通道上,扼住了迈锡尼王国的咽喉。因此,对于特洛伊人,亚加亚人不惜一战,不得不战。

这一时期形成的迈锡尼文明,与后来兴起的希腊文明有很大的差异,甚至根本不同。这一点往往被史家们所忽视,就连荷马本人对于迈锡尼文明的了解也不够。

《荷马史诗》对于历史的叙述是可信的,对于文明的诠释则有偏差,荷马用了后来才有的城邦的观点来释读那个时期的亚加亚人,可线形文字 B 泥板文书告诉我们,迈锡尼王国以王宫为中心,国王集权于一身,依靠一个固定的职业管理阶层——书吏,王室行政机构既控制着财富的生产,也控制着财富的分配和交换,以王宫统治全国,形成了一个中央集权的"官僚王国"。迈锡尼文明说到底还是古代文明,古代文明皆为王权主义。

　　古代与古典，有着不同的文明属性，古代与古典的分水岭，便是那个文明的轴心期，被轴心期的理性之光照耀过的文明，才是古典文明，而古代文明的代表，就是那四大文明古国——古埃及、古巴比伦、古印度和中国，其中，有两大古国，也就是古埃及和古巴比伦，在轴心期的理性之光初曙时，它们就已消亡，古印度和中国则从古代到古典，带着古代性的余晖，参与了轴心期的辉煌，其文明的历史形态，因而具有了古代与古典的二重性，正是古典性的存在，完成了对文明古国的救赎，使得两大文明古国，尤其中国至今依然。

　　二希文明从古代到古典，则以革命的方式完成。摩西率领人民出埃及，就是希伯来文明的古典性对古埃及文明的革命，希腊方式的出现，也不是对迈锡尼文明的古代性的继承，而是以革命的方式完成古典性的转型，以至于我们从希腊方式上看不到一点迈锡尼王国的影子，只能借助考古学的发现和对线形文字B的释读，才能重新发现早已中断了的迈锡尼文明。革命如此彻底，以至于就连荷马本人也不知道希腊曾经有过一个迈锡尼王国，《荷马史诗》里讲述的亚加亚人，已经绝缘了文明的古代性，完成了向古典的转型。

文化好东西——轴心期

　　二希文明的轴心期，由摩西、荷马开启。
　　中国文明的轴心期，从同一时期的周公开始。
　　他们都是古典理性的启示者，属于古代世界里的先知。
　　但他们还不属于雅斯贝斯所说的轴心期里的那个最辉煌阶段的代表人物。雅斯贝斯的轴心期，专指那个最辉煌的阶段，我们则为这个阶段安装了一个头和尾，以世界文明的理性初曙开头，以对世界历史统一性的追求结尾，而中间便是那个如日中天的个体性的哲人时代。从古代到古典这个历史的区间，便止于轴心期开头的那个阶段。

中国上古文明，经历了两个阶段，历史上称之为"汤武革命"，一是由商"汤"发端的"神化革命"，二是从周"武"开始的"圣化革命"。"神化革命"的目标，出于君权神授，指向"神王合一"；而"圣化革命"的目标，则是"圣王合一"。如果说夏商之际的政治文化，发生了从"共和"向"革命"的转变，那么殷周之际的政治文化，则发生了从"神化"向"圣化"的转变。如果说夏商之际的"神化革命"使中国古代文明从神话时代进入历史时期，那么殷周之际的"圣化革命"则使中国文明从古代时期进入古典时期，使神本主义上帝观转变成民本主义天命观，以内圣外王、封邦建制的政治追求取代君权神授，开启了中国文明的轴心期，这也就是孔子何以要"吾从周"，并且梦见周公了。

荷马时代，中国就像古代地中海世界，处于王国征伐与文明转型时期。儒家盛誉的中国上古"三代"——夏、商、周，在时间上，约与希腊文明同时，公元前21世纪，以夏为标志的"华夏摇篮地"诞生，而希腊的克里特岛上则有米诺斯文明兴起。

公元前16世纪，商王朝取代夏，大约同一时期，古希腊人的一支亚加亚人南下希腊半岛，落脚在地中海沿岸，并下海取代米诺斯文明，建立起迈锡尼王国。

迈锡尼王国在经历了英雄王国和官僚王国两个时期后，便开始衰落。

商的命运也是如此，当亚加亚人发动特洛伊战争时，商也发动了对东夷的战争；当多利亚人入侵迈锡尼时，商王国则被周人乘虚而入；当"女子与小人"的故事，奏出迈锡尼文明衰落的序曲时，殷周之际的王朝更迭，也被归咎于"女子与小人"的贪欲。商的文明，也在经历了先王和王朝两个时期以后，在王国向着帝国的发展中，突然倒下了。

与多利亚人入侵迈锡尼王国几乎同时，公元前1046年，中国开始了周灭商的战争。当周人刚开始使用马拉战车时，多利亚人已能娴熟地运用骑兵；当周人入主青铜文明时，多利亚人早已成了铁器时代的主人。希腊进入古典时期，当然不是从多利亚人入侵开始的，但多利亚人对迈锡尼王国的致命一击，终结了西方古代文明对古典性的禁锢。

如同摩西引导人民走出埃及，荷马也成了整个希腊民族的精神导师。

荷马史诗在民族的迁徙中诞生，它是一个失败的民族再度崛起的宣言。

希腊方式——城邦民主制，诞生在"史诗"的摇篮里，而中国方式——封建君主制，则在"祭祖歌"的"诗史"中分娩。"史诗"是一个民族的集体记忆，民族精神在"英雄的故事"里奠基，而荷马就是古希腊民族的集体记忆的代表，而"诗史"则是一个王朝的记忆，以家族为根底，以"祭祖歌"的形式，使宗庙祭仪上升为宫廷礼仪。总之，"史诗"是民族性的，属于自由的广场心灵，而"诗史"则是家族性的，出生于宫廷。

在古代世界里，有过两次伟大的迁徙：一次是亚加亚人的迁徙，在迁徙中，诞生了《荷马史诗》；另一次是希伯来人的迁徙，使摩西成了《旧约》先知。这两次大迁徙，形成了"二希"文明——希腊文明和希伯来文明，它们为整个西方文明的奠基。历史上，与亚加亚人相似的，是近代盎格鲁-撒克逊人的大迁徙，他们在迁徙中发现新大陆，他们在迁徙中进行新教革命，他们在迁徙中将民主的城邦制发展为联邦制。文明的迁徙，正是"全新人"才有的历史特征，人类历史的每一次进步，都是在文明的迁徙中完成。

但是，如何能在迁徙中克服文明的冲突和战争，如何能在迁徙中实现一个人类共和国的梦，这在民族国家林立的文明中，成了一个极其深刻的历史的悖论。但即便在文明的冲突中，我们也别忘了那个"全新人"的梦："天下为公"和"人类大同"。

2